留学便利书

留学法国一本通

王占伏　编著

天津出版传媒集团

天津科技翻译出版有限公司

图书在版编目(CIP)数据

留学法国一本通 / 王占伏编著. —天津:天津科技翻译出版有限公司,2013.2

(留学便利书系列)

ISBN 978-7-5433-3176-1

Ⅰ.①留… Ⅱ.①王… Ⅲ.①留学教育—概况—法国 Ⅳ.①G649.565.8

中国版本图书馆 CIP 数据核字(2013)第 002978 号

出　　版:天津科技翻译出版有限公司
出 版 人:刘庆
地　　址:天津市南开区白堤路 244 号
邮政编码:300192
电　　话:022-87894896
传　　真:022-87895650
网　　址:www.tsttpc.com
印　　刷:天津泰宇印务有限公司
发　　行:全国新华书店
版本记录:700×960 mm　16 开本　14.25 印张　180 千字
　　　　　2013 年 2 月第 1 版　2013 年 2 月第 1 次印刷
　　　　　定价:24.80 元

前言

2013 年出国留学的热潮持续升温，法国仍是留学生的关注热点。赴法国留学需要什么条件、怎样选择适合自己的学校、如何拿上赴法国的机票、如何得到全额奖学金、法国的生活究竟是怎么样的，这些问题是志在留学的学生和家长最想知道的。

本书系统、全面地介绍了留学法国的过程。详细阐述了法国的大致情况，大学的详细资料、申请签证以及留学前的准备、撰写申请信等要点，使读者对留学的具体流程心知肚明，并能从中更快更好地做出自己的选择。本书还对留学生出国后的学习、生活、注意事项加以说明，从而使留学生一步步地实现赴法国留学的愿望。

此外，本书针对初次赴法国留学的学生，在申请过程和留学法国生活中易产生的问题及需留意之处，以"贴士"的方式注明，使读者一目了然，在短期内就融入到法国的生活和学习中去，不再为了适应新的生活方式而浪费时间。

本书的最后，列有 2013~2014 年法国全国所有排名前 80 所大学简介，并以表格的形式，列出申请所需成绩、学费、开学日期、学校地址、网址等资料，便于读者查阅、对比。

本书将为志在留学的读者带来希望，为他们打开通往法国名校的大门，只要仔细阅读，则能做到留学过程尽在掌握。一书在手，留学帮手。

编者

1

你决定留学法国吗

Université d'Angers

UNIVERSITÉ D'ANGERS

Université des Sciences et Technologies de Lille 1

Université Louis Pasteur-Strasbourg 1

Université Bordeaux 1

Université de Rennes I

最初的选择

法国是我们都很熟悉的位于大洋彼岸的“留学胜地”。然而除了凯旋门、埃菲尔铁塔、凡尔赛宫这些“法国标志”外，你了解法国的教育状况吗？你了解留学法国所需的条件吗？你对法国的社会、人文、环境方面又有多少了解呢？你真的确定要选择法国作为你的留学之地吗？你对法国这个国家又有多少了解呢？

法国概况

France，即法兰西共和国，又可称作法兰西第五共和国，简称法国。法国东侧与比利时、卢森堡、德国、瑞士、意大利接壤；西侧接大西洋；北侧濒英吉利海峡，与英国隔海相望；南侧则靠地中海。法国国土总面积为63.3万平方公里，三面临水，地势自东南至西北，由高到低；其国土面积中的2/3均为平原，也矗立着如阿尔卑斯山脉、比利牛山脉、汝拉山脉等纵横绵延的山脉。法国最大的岛屿是科西嘉岛，此外还拥有如马提尼克岛、圣路易岛、巴厘岛、西堤岛等诸多岛屿。

由于法国国土仅有东侧位于内陆，其他三面均靠海而依，因此法国的气候并不均衡。其南部沿岸为地中海气候，夏季少雨，冬季温和，春秋两季持续时间较短，几乎一年四季都刮着特有的“密斯托拉风”；法国的东北部则是大陆性气候，夏季炎热而冬季寒冷，冬季最低温度能达到0℃，春秋两季温润多雨；西部面对大西洋，冬暖夏凉，四季温差较小，日照较弱。

法国约有人口6530万人，其中81.4%的公民信奉天主教，6.89%的公民信奉伊斯兰教，其他人则信奉如佛教、犹太教等多种宗教。法国是一个多元化的国家，在世界文学、艺术、音乐等领域都有突出贡献。

法国的主体是法国本土，其本土拥有21个个大区。此外，法国还拥有一个地方行政区、5个海外大区、2个海外地区、2个海外行政区、1个省级行政区、1个海外属国、1个特殊行政区、1个无建制岛屿。

名称	行政属区	英文名
阿尔萨斯	本土大区	Région Alsace
阿基坦	本土大区	Aquitaine
奥弗涅	本土大区	Auvergne
勃艮第	本土大区	Bourgogne
布列塔尼	本土大区	Bretagne
中部	本土大区	Region Centre
香槟-阿登	本土大区	Champagne-Ardenne
弗朗什-孔泰	本土大区	Franche-Comté
法兰西岛	本土大区	Ile-de-France
朗克多克-鲁西永	本土大区	Languedoc-Roussillon

续表

名称	行政属	英文名
利穆赞	本土大区	Limousin
洛林	本土大区	Lorraine
南部-比利牛斯	本土大区	Midi-Pyrénées
北部-加莱海峡	本土大区	Nord-Pas-de-Calais
下诺曼底	本土大区	Basse-Normandie
上诺曼底	本土大区	Haute-Normandie
卢瓦尔	本土大区	Loiret
皮卡第	本土大区	Picardie
普瓦图-夏朗德	本土大区	Poitou-Charentes
普罗旺斯-阿尔卑斯-蓝色海岸	本土大区	Provence-Alpes-Cote d´Azur
罗讷-阿尔卑斯	本土大区	Rhone-Alpes
科西嘉岛	地方行政区	Corse
瓜德鲁普	海外大区	Guadeloupe
马提尼克	海外大区	Martinique
法属圭亚那	海外大区	Guyane fran aise
留尼汪	海外大区	l'Île de la Reunion
马约特	海外大区	Mayotte
瓦利斯和富图纳群岛	海外地区	Wallis et Futuna
法属南方和南极洲领地	海外地区	TAAF
法属圣马丁	海外行政区	Saint-Martin
圣巴奉勒米	海外行政区	Saint-Barthélemy
圣皮埃尔和密克隆	省级行政区	Saint Pierre et Miquelon
法属波利尼西亚	海外属国	Polynésie fran aise
新喀里多尼亚	特殊行政区	Nouvelle-Calédonie
克利伯顿岛	无建制岛屿	le Clipperton

政治

法国是半议会半总统制的多党民主制国家。法国的议会由国民议会和参议院组成。国民议会共有 577 个席位，议员由选民直接选举产生，任期为 5 年，国民议会具有立法权、财证券和监督权；参议院共有 321 个席位，议员由选举团进行选举产生，任期为 9 年，同样具有立法权，但在立法权上，权限优于国民议会。

法国总统是实际上的国家元首和武装部队统帅，由全民公选选出，任期为 5 年。总统可主持内阁会议、最高国防会议和国防委员会，有权利解散议会，并可不跳过议会直接将重要法案交予公民投票表决。在非常时期，法国的总统更拥有“全权”。总统直接任命总理，共同决定国家事务。法国总统具有宪法赋予的权利，发挥决定性作用；总理则具体行使国家行政权力。一般来说，则是总统制定施政方针，总理负责推行。

在特殊情况下，如总统不能履行职责或总统位空缺时，可由参议院长代行总统职权。

法国是多党制国家，现共有 30 多个政党，主要政党为 3 个：

Union pour un Mouvement Populaire(UMP)	人民运动联盟
Parti socialiste(PS)	法国社会党
Union pour la démocratie fran aise(UDF)	法兰西民主联盟

经济

法国是世界强国，是经济发达国家之一，其 2011 年 GDP 总量为 25554.39 亿美元，超过英国，跃居世界第五位，欧洲第二位。法国的工业、农牧业、旅游业、商业都十分发达，是仅次于美国的世界第二大农产品出口国，出口产量占世界市场的 11%，其葡萄酒产量更居世界首位。欧洲排名前 100 位的农业食品工业集团中有 24 家是法国企业，世界排名前 100 位的农业食品工业集团中有 7 家在法国，可见其农业的发达程度。

法国的工业长期以来一直居于世界前列，其矿业、冶金、汽车制造、石油、造船、机械、化学、电器、核能等工业部门发展迅速，其核能和石油及石油加工技术，居世界第二位；航空和宇航工业在欧洲处于领先地位；钢铁、纺织工业则居于世界第六位。虽然法国的新兴工业发展较快，但其作为支柱的仍旧是传统的钢铁、汽车和建筑三大版块。

除工业和农业之外，法国更为人知的是其发达的商

业，尤其是法国的时装、化妆品、珠宝等行业，均为时尚人士所追捧，如香奈儿、迪奥、卡地亚等著名品牌，也是世界时尚产业的标杆。时尚产业的迅猛发展也带动了旅游业，一方面法国本身具备良好的旅游资源，香榭丽舍大街、凡尔赛宫、埃菲尔铁塔、卢浮宫等著名景点无不使游人趋之若鹜；另一方面，每年的巴黎时装周，大量的高档时装、香水、化妆品，甚至包括红酒等商业产品又使得法国成为了尖端人士的消费王国，每年的产值在百亿欧元之上。

法国的官方语言是法语，通用货币是欧元，1 欧元兑换人民币约为 8.2 元人民币。

法国是什么样子

初来乍到，面对陌生的一切，你是否会感到紧张？有些学生甚至从走出机场时，就对自己的选择产生了怀疑。留学生活不是一朝一夕，新的环境、气候、社交等都要重新适应，更要面对文化和价值观的碰撞。关键的一点是，要明白想象和现实的差距，留学生活也不一定都是乐土，对于志在留学的学生来说，要想做好留学法国的准备，是必须付出努力的。

作为传统和现代并存的国家，法国的生活方式多种多样，既保有贯彻长久的传统生活习惯，也兼具现代生活气息，法国正是一个充满创意和活力的国家。因此对法国文化有一个初步了解，对于适应留学生活是很有帮助的。

法国具有悠久的历史，公元前 5 世纪，法兰克人即建立了帝国。10 世纪后，1337 年英法之间爆发“百年战争”，这场战争直至 1453 年才结束。随后，经过数次革命、复辟之后，在第二次世界大战期间的 1944 年 6 月，法国政府宣布成立临时政府，由戴高乐担任临时领袖，并通过宪法，成立法兰西第四共和国。1958 年 9 月，通过新宪法，法兰西第五共和国成立，直至今天。

在历史上，法国数次被侵略，并曾被古罗马帝国统治长达500 年之久，在漫长的历史长河中，法兰西渗透了他国的文化，并从中汲取养分，最终形成了具有自身特色的独特文化，并在世界文化艺术史中占有极其重要的地位。伏尔泰、卢梭、莫里哀、雨果、孟德鸠斯、笛卡尔，无数的名字如果繁星一般闪耀在法国的文化长河之中，为后人所铭记。两千年来，法兰西人民在这片土地上创造了无数的奇迹，留下了丰厚的积淀。迄今为止，《世界遗产名录》公布：法国共拥有 28 项世界遗产，其中文化遗产 26 项，自然遗产 1 项，双重遗产 1 项(与西班牙共同拥有)。

历史的厚重与诗歌的浪漫铭刻在每个法国人的内心，使他们天生拥有一种特殊的气质，法国也就成为了“罗曼蒂克”之国。与其他国家的人相比，法国人在彬彬有礼中透着一种悠闲之感，他们注重穿着，就算是年过花甲的老人，也喜欢把自己打扮得富有情趣。他们热爱文化，热爱一切美的东西，看来不拘小节，实则重视礼仪。但有时候法国人这种对于“浪漫”和“美好”的过分追求，会让他们看来有些冷淡，难以接近。实际上，法国人是十分热情友好的，他们也乐于交更多的朋友。

法国人尊重他人的信仰和文化，他们中的大部分法国人信奉天主教及基督教，但佛教、伊斯兰教等其他教派在法国也有一席之地。在法国，宗教团体如教会经常会举办各种活动，帮助人们解决生活和工作上的困难，甚至有些教会开办公益性学校，鼓励入学，起到了积极的作用。

在生活方式上，法国人乐于接待朋友，喜爱旅游，休闲时光往往为他们所看重。在休假的日子中，他们会举办各种消遣活动，放松心情，也乐于与友人共进晚餐，享受惬意的时光。法国人热爱运动，尤其是足球、自行车、网球等运动很受大众欢迎，齐达内、普拉蒂尼、毛瑞斯莫的名字在运动界赫赫有名，齐达内和普拉蒂尼更成为了欧洲足球的代表。2013 年，法国更放宽了留学政策，并欢迎世界各地的学子到法国就读。

法国的大学适合我吗

要判断你是否适于赴法留学，先要了解赴法留学的条件：

- 在中国是否具有高中以上学历，如要赴法深造，是否具有相当学历？
- 赴法留学的目的是什么？
- 是否能确定赴法留学的收获大于你的支出？
- 你的法语基础能否适应法国的教学？

要回答这 4 个问题，不如先找出一张纸，列出留学法国的优点和缺点，针对自己的情况做出比较。

GOOD

●法国名校众多,教育质量很高。

BAD

▲法语不如英语的应用范围广，会影响到留学生毕业后的就业。

GOOD

●法国放宽对留学生的签证审批,在法国高等院校就读的外国学生人数占总学生人数的10%。

BAD

▲法国院校管理较为散漫，需要留学生有较强的自制力。

GOOD

●法国高等院校重视科研工作,并多与企业合作,学生可获得更多的实习机会。

BAD

▲法国近年经济状况略有波动，影响到毕业生就业。

GOOD

●学费较低,留学生就读公立大学可与法国学生一样享受学生待遇和各种补贴。

BAD

▲法国学制较短，相对的学习压力也就更大。

GOOD

●法国文凭在欧洲能获得普遍认可，便于留学生去他国进修。

GOOD

●治安环境较好。

GOOD

留学生在法就读语言课程期间即可打工。

针对一系列比较和考虑，如果得出的答案是肯定的，那么就应该进一步了解法国大学的具体状况，提前做出判断。

法国的大学

法国现在拥有300多所高等教育院校，其中90多所大学为公立大学，分布于500多个校园之内；另外200多所大学多为私立大学或专科学院。

公立大学

公立大学即以国家政府及地方政府资助为主的大学院校，以区别私人资助成立的私立大学。公立大学一般都是学术研究的重镇，也是文化中心，对各地的政治、经济、社会等有着重要的影响力，且师资力量雄厚，学生与教师的人数众多。

法国的第一所公立大学建立于12世纪的巴黎，也是欧洲最古老的大学。全法国90多所公立大学分布在500多个校园之内，并建立了上千个研究单位。法国在公立大学中就读的学生人数达150多万人，约占高等教育就读人数的74%以上。更由于在法律性质上，公立大学属于公益机构，因此留学生就读法国的公立大学，可享受和法国学生一样的福利待遇和学费支出。

选择申请哪所法国大学时，不应盲目追捧热门大学，应充分考虑自己的能力以及经济实力，“最好的不一定就是最适合你的”，这句话应该牢牢记住。

- 公立大学往往能获得较多的国家资金支持，法国政府多直接向公立大学进行资助和投资。
- 公立大学学科门类齐全，优势学科突出。
- 公立大学的研究经费充足，可支持各学科开展研究项目。
- 公立大学的师资力量雄厚，公共设施齐备。
- 公立大学图书馆藏丰富，其藏书量大多在百万之上。
- 法国的公立大学一般不收学费，只收取注册费用。每年的注册费用一般在150~800欧元左右。
- 课时较为灵活，学生的独立性也较强，大部分课题都须自行讨论解决，教师只起启发和引导的作用。
- 公立大学的攻读时间相应较长，硕士课程一般需要攻读2~3年。

可见，强大的师资队伍、突出的优势学科、为社会培养杰出的人才，正是公立大学赖以知名的三个基本要素。实际上，这三条也是所有大学持续发展的基石。

选择大学应提前，不要临时才抱佛脚，反而容易挑花眼。如立志进入一流名校的学生，则应提前准备赴法就读语言学校或预科，才有进入名校的可能。

国家公派留学生

就读法国公立大学主要有三个阶段，不同的情况，不同的学业水平以及学业期望，可选择不同的就读阶段。

高等教育入门阶段

该阶段一般持续两年。在该阶段，学生主要修习一些日常课程，以便为将来学习专业课程打基础。若学生有需要，则可在两年学习结束后，直接开始自己的职业生涯。

两年学习阶段

这两年内，学生主要进行针对性较强的专业学习，并攻读具有理论性和综合性的课程。在这个阶段内，若学生完成第一年的学习，可授予 Licence 学位，即三年大专文凭；若完成第二年的学习，则可获得 Maitrise 学位，相当于学士学位。

选择专业时，冷门不一定就不好。在法国，有些热门大学的热门专业已经出现了人才饱和的现象，留学生申请这类专业，难以获得批准，反而得不偿失。

深造学习阶段

完成四年学习后，若学生有深造的需求，可以进修更专业的课程，并进行深层次的研究。这个阶段的学生可申请进入研究室，并在一年内掌握工作的实际技能。若顺利毕业，则可获得学士、硕士两个学位。

私立大学

私立大学是由民间资本投资设立的大学。一般是指由非地方或者中央政府投资,私立大学的运营资金一般全部或者部分得自于学生的学费，而且校方有权自主选择生源,因此学费普遍较贵。

私立大学与公立学校最大的区别是投资方的不同,正因为这种不同导致两者教学方向相异。公立大学由国家拨款,更偏重基础学科的研究和教学;而私立大学则依托市场生存,面对市场需求来设立课程,其课程设置须引领时代,不断创新,教学质量是其生存的保障。

- 私立大学的专业性较强,相比公立大学更有针对性。
- 私立大学所设立的专业科目往往较为热门,有利于学成后申请移民。
- 私立大学校风较活跃,入门门槛也较公立大学为低。
- 私立大学的运作更加灵活有效。
- 法国的公立大学用法语授课,而私立大学部分则用英语授课。
- 私立大学需要学生支付学费。
- 私立大学的课程安排较紧,学生须在一定的课时内完成更多的课业。
- 私立大学的学制较短,一般来说一年半即可获得硕士学位。

法国的教育制度

法国的教育产业十分发达，尤其在高等教育的运作上,更是卓有成效,因此吸引了全球的学子赴法学习。法国大学拥有众多知名的学府、著名的专业学者,其教育水平名列世界前茅,教育质量优良。法国的高等教育为法国培养了各个学科的精英，其中也包括了众多诺贝尔奖获得者。法国的大学组织并参与研究了许多国际著名项目,在数学、社会应用科学、计算机信息、生物技术、农工、食品、城市工程、电子学、环境卫生等科目上,都拥有世界领先水平。此外,法国的文学艺术十分兴盛,其艺术院校中除了常见科目外,还开设了如考古、文化财产的保存与修复、文化旅游等新兴科目。

法国是中心集权制国家,在教育方面也实行中心集权制,政府重视教育并乐于在教育上加大投资,强调公民拥有受教育的权利,并鼓励他们接受高等教育。

在各级教育制度上，法国主要实行地方分权管理,由市镇负责小学和幼儿班;省负责初中;大区则负责高中和专科学校。中小学的教育规划是由地方行政负责的,高等教育则直接由教育部负责。

法国的基础教育完全是为高等教育做准备的,其小学为5年制;初中分为适应、中间和专业定向三个阶段,总共4年制;高中为确定阶段和最后阶段,为三年制。

学生在确定专业后,可以通过对比各个大学在该专业领域的学术声誉、研究成果、师资水平、录取难易、毕业生就业、起薪水平等指标,然后结合自己的喜好、条件等来选择相应的学校。

教育阶段	对应年龄
幼儿教育	3~6 岁
小学教育	6~10 岁
初中教育	11~15 岁
高中教育	15~18 岁
高等教育	18 岁~

幼儿教育

法国的孩子一般在 3、4 岁时就开始接受义务教育，到幼儿园进行一些最基础的启蒙教育，以便帮助他们在入学后能更好、更快地适应学习生活。

小学教育

法国 5~17 岁为法定的义务教育阶段，该阶段是强制性的，家长必须送孩子进入学校接受课程学习。而学生们也享受法国的福利待遇，由国家负责书费、学杂费等必须的支出，甚至有的学校还会提供免费午餐，满足孩子们的需要。法国的中小学实行校长负责制，校长既任课又进行校园管理。

初中教育

法国的初中与高中实际是连接就读的，都是为了高等教育做准备。初中教育也被称为普通教育(College d'o-servation 6e rt 5e CEG)，初一、初二为观察期，初三、初四则是升学指导阶段，为升入高中做准备。同中国的高中分科类似，法国的初中教育也分为传统教育和职业技术教育。传统教育路线偏重于升学深造,职业技术路线则面向社会需要。

高中教育

法国的高中教育学制是三年，学生于初中毕业后,即可接受三年的高中教育(2e eet lesterminales)。法国的高中包括普通高中、技术类高中和职业高中。普通高中主要面对升学及高等教育就读,技术类高中更多针对专业类大学,职业高中的就读生则多在毕业后就职。高中第一年的教育是法国义务教育的第一年,多进行综合类教育;第二年才开始分科,主要分为文学(L)、经济和社会(ES)、科学(S)三科。

高等教育

获得高中学历的学生均可入大学就读,但并不是所有的高中生都能获得进入大学就读的机会。法国的高等教育经过改革,管理更趋于完善,也富有创新精神。法国的高等教育院校分为公立大学、私立大学和专业类大学。学生经过不同阶段,获得毕业后,可获得"Diplôme",即文凭。法国的文凭分为两类:国家文凭(Diplôme d'Etat/Diplôme National),校颁文凭 (Diplôme d'Universit é /Diplôme Universitaire)。其中国家文凭是由法国教育部颁发的,并为各个国家的教育部所承认。而校颁文凭在通常情况下则不被认证。

国家文凭(Diplmeôd'Etat/Diplôme National)

学士学位（Licence）
职业学士学位（Licence Professionelle）
硕士学位（Master）
博士学位（Doctorat）

学士学位(Licence)

获得学士学位需要三年制高等教育文凭(BAC+3),即在大学内就读三年。由于学士学位就读时间较短,所以课程时间较紧,需要学生更高的自制力。法国的学士学位有多种,如文学士、理学士、法学士等等,各不相同。少数法国大学还开设了荣誉学士学位。

职业学士学位(Licence Professionelle)

法国的职业学士学位同样要攻读3年时间。普通学士学位和职业学士学位之间的区别在于大学第二年的分类,职业学士更趋向于专业性、职业化,往往更加专注于单一学科的学习,以便于毕业后寻找对口工作。

硕士学位(Maitrise)

法国公立大学的硕士学位须攻读2~3年,私立大学的硕士学位仅须1年半左右。由于私立大学硕士学位的攻读年限较短,学生要付出更大的努力,大量写论文并进行试验。法国的大部分大学都开设了硕士课程。

博士学位(Doctorat)

法国的博士学位攻读一般需要3年，具有硕士或相当学历的学生可以申请注册博士教育,博士教育阶段一般为3年。法国的博士课程多为实践,需要学生做大量的实验,结业时完成博士论文创作和答辩后,便可获得法国最高的学位——博士学位。

继续教育

继续教育面向未上大学的年满 16 岁的少年，其中也包括了针对青年和成年人的职业教育及职业培训。继续教育的方式灵活，学制也不定，根据各校情况的不同而有所变化，一般多为全日制、半日制和周末制。

法国的高等教育体系

法国的高等教育十分发达，但对于留学生来说，法国的高等教育体系却十分陌生。因为其一方面与中国的教育体系不同，另一方面也有别于欧美其他国家。法国高等教育分为不同种类，不同阶段，不仅有长、短期课程；还开设普通课程及专业、职业化课程；以及应用性和研究型的训练。法国多样化的课程便于留学生更好地做出选择，可以使其找到适合自己的课程攻读，从而实现自己的求学目标。

法国的教育是具有延续性的，当学生高中毕业并获得了高中毕业文凭(Bac)，之后再赴高等学院就读时，即以就读的年限算起，在学 1 年为 Bac1,2 年为 Bac2，以此递增。不同的高等教育课程各有不同的就读要求、录取条件、就读年限等。

	课程	入学条件
Bac+2	普通大学学业文凭（DEUG） 两年制技术大学文凭（DUT） 两年制科学与技术大学学业文凭（DEUST）	高中毕业会考文凭（BAC） 高中毕业文凭 高等学业准入证明
Bac+3	普通学士学位文凭（LICENCE） 职业学士学位文凭（LICENCE PRIOFESSIONELLE）	2 年制高等教育学历
Bac+4	硕士学位文凭(MAITRISE) 两年制硕士学位文凭（MST/MSG） 三年制硕士学位文凭（IUP）	3 年制高等教育学历
Bac+5	高等深入研究文凭（DEA） 高等专业学习文凭（DESS） 高等技术研究文凭（DRT） 工程师文凭（DRT）	4 年制高等教育学历 5
Bac+8	博士学位（DOCTORAT）	5 年高等教育学历 获得博士论文导师同意 录取

高等教育证书授予条件

● 掌握与他们所学领域有关的基本概念和原理，并具有对他们所学领域有关内容进行评价和解释的能力。

● 具有对定性和定量资料进行表述、评价和解释，提出论点并依据所学学科的基本理论和概念作出合理判断的能力。

普通大学学业文凭者应具备的能力

● 能在所学领域或工作范围内评价解决问题的各种不同方法的适合性。

● 能将其研究或工作的成果准确可靠地进行交流，并提出思路清晰的论据。

● 能在有组织有安排的情况下接受培训，发展新技能。

● 应具有就业所需要的素质和应变能力。这种就业要求个人能一定程度地承担责任。

普通学士学位授予条件

● 掌握并批判性地理解他们所学领域中成熟的原理，以及这些原理的建立和发展途径。

● 具有应用他们初学范围之外的基本概念和原理的能力，包括在受雇就业情况下，运用这些原理的能力。

● 掌握本门学科主要的探索方法。有能力批判性地评价在他们所学领域内解决问题的不同方法的适合性。

● 理解他们所学知识的局限性，以及这对于以此知识为本所作分析和解释的影响。

普通学士学位授予条件

- 运用一系列已有的方法去开创和进行批判性的信息分析，并针对分析中发现的问题，提出解决办法。
- 以多种方式有效地与专家和非专家交流信息、给出论点和进行分析，并有效地运用本专业的关键解决方法。
- 能接受培训，扩展现有技能，获得新的能力，使个人能在组织机构内承担重大责任。
- 应具有就业所需要的素质和应变能力。就业要求个人能承担责任并做决策。

硕士学位者应具备的能力

- 系统地理解知识，批判地了解当前的问题和新的见解。
- 对用于自己的研究或先进学术工作的各种方法具有综合的理解。
- 对知识的应用应具有独创性，并对如何应用各种研究和探索的方法去创造和阐明知识具有实用的理解。
- 具有概念性的理解，批判性地评价本专业中当前的研究和先进的学识。对研究方法进行评价和批评。在适当的场合，提出新的假设。

法国许多高等院校也提供远程教学课程，包括函授、网络课程等，为适龄而未接受高等教育的成年人提供服务。

硕士学位者的应具备的能力

- 系统地、创造性地处理复杂问题。在缺乏完整资料的情况下做出合理的判断。并将其结论清晰地与专家和非专家沟通。
- 在处理和解决问题中显示出自主和独创性。在专业水平上独立地制订工作计划并付诸实施。
- 持续提升对知识的掌握和理解，开发新技能，将之提高到一个新的水平。
- 应具有工作上所需要的素质和应变能力。

博士学位授予条件

- 通过原创性的研究或其他先进的学术工作以创立或阐明新知识，其质量应足以获得同行专家评审通过，并能扩展本专业的前沿，有出版价值。
- 系统地获取和理解处于本专业学术领域或本专门职业执业范围前沿的知识中的重要部分。
- 具有发展新的知识、新的应用或认识，并构思、设计和实现一个项目的综合能力，以及调整项目计划的能力。
- 详尽地认识用于研究和先进学术探索的各种应用方法。

博士学位者应具备的能力

- 在专家层次上，对于复杂问题做出有见地的判断。并能将其想法和结论清晰而有效地与专家和非专家沟通。
- 能在先进的水平上，持续开展纯学术性或应用性的研究和开发，为发展新技术、新思想、新方法做出重要贡献。
- 应具有工作上所需要的素质和应变能力。

我要留学

了解了法国的基本状况、教育体制和大学模式后，觉得法国是最适合自己的求学之地的话，就可以参加一系列的法国大学认证考试，并着手准备办理赴法留学签证、护照等相关手续。切记不要过于着急，应一步步按部就班地来，争取一次办好，不留遗憾。

留学前的手续

留学有公派及自费之分，但国内大部分留学生都是自费或半自费。自费留学需要什么条件呢？根据国家规定：

- 自费出国留学人员需是我国公民，并提供可靠证明。
- 须取得法国正规大学入学许可证件和经济担保书。
- 具有大学或大学以上学历人员自费出国留学，必须到省、自治区、直辖市一级自费出国留学审核机构办理学历和完成服务期年限的审核手续，只有获准后方可向公安机关申请出国护照。
- 申请自费留学人员不受学历、年龄和工作年限的限制。但如就读硕士或博士，则需要提供国内正规高等院校的学历证明及相关证件。

自费留学办理护照时需到授权受理的各省、自治区、直辖市公安部门。办理手续时，应备好如下材料：

- 单位介绍信。
- 户口簿或集体户口证明，写明本人出生地和出生年月日。
- “经济担保”的复印件，并附译文。“经济担保”须经公证后方有效。
- 本人近期正面免冠光纸照片5张，并在照片背面用铅笔写上名字。
- 填写《自费出国留学人员登记表》、《本国公民出国申请表》。
- 缴纳护照费、签证费、手续费、邮费。

为了保证公民的出国申请能够及时得到批准，我国政府规定了公安机关在受理申请后必须在规定的时间内做出批准或者不批准的决定。目前规定的时限是：出国申请的批复一般不超过30天，偏僻和交通不便的地方最长也不超过60天。

申请赴法国留学的手续

无论自费或公费，出国留学一般是由本人联系学校，并按对方回执中的要求准备相关材料，如经济保证书、TCF、TEF成绩单；推荐信；本人学历证书等。一般需办理以下手续：

- 写一篇自我介绍。通常是简略介绍自己的有关情况、所受教育、个人专业爱好及未来计划等。
- 详细说明经济状况，应附有“经济状况声明”，以证明你有经济能力支付留学的费用。
- 最好根据自己选修的专业不同，附上作品。如主修音乐、绘画等专业，应附有自己的演奏录像、绘画作品。
- 寄去2张照片。
- 寄去1份健康证明。
- 如学校要求付报名费，应尽早汇寄。

申请人办妥所有规定的手续之后，学校便会受理入学申请。

公费与自费之分

近年来，中国留学生选择赴法国留学的越来越多，据留学机构提供的数据显示：中国赴法留学人数保持了上涨的势头，赴法留学依然是留学生的热门选择。

赴法留学的三种类型

自费留学的办理程序并不复杂，留学生不要未办先怕，怀着急躁的情绪则可能影响到签证、护照的发放。

国家公派留学生

根据中法两国政府文化协定，我国每年向法国派出留学人员。这些留学人员在法学习、生活的全部费用，由法国政府或我国政府支付。

享受法国政府减免费用的自费留学生

法国政府每年向外国留学生提供一定数量减免留学费用的名额，获得该名额的学生，在法学习期间的费用可以部分减免。但获得该名额的学生在申请签证时，必须向法国政府缴纳一笔海外学生费。

缴纳全部费用的自费留学

法国的公立和私立高等院校，都向留学生开放部分或全部的专业课程。留学生只要达到入学标准，并缴付学费或注册费，即可赴法学习。

其中，赴法留学的中国学生中，自费生的人数大大高于公费生，但无论哪种留学生，在选择了法国后，都应了解赴法留学的一系列手续。

自费留学的规定

赴法留学有公派及自费之分，但大部分学生都是自费或半自费。自费赴法留学需要什么条件呢？根据国家规定：

- 自费出国留学人员须为我国公民，并提供可靠证明。
- 需取得法国正规大学入学许可证件和经济担保书。

我国公费留学的主要专业为：能源、资源、环境、农业制造、信息等关键领域及生命空间、海洋、纳米新材料等战略领域和人文应用社会科学等专业。

- 具有大学或大学以上学历人员自费出国留学，必须到省、自治区、直辖市一级自费出国留学审核机构办理学历和完成服务期年限的审核手续，只有获准后方可向公安机关申请出国护照。

- 申请自费留学人员不受学历、年龄和工作年限的限制。但如就读硕士或博士，则需要提供国内正规高等院校的学历证明及相关证件。

自费留学申请的关键是获得申请院校的入学通知书及办理签证，这是最基本的两点，是申请留学的基础。

赴法留学的条件

选择了赴法留学后，就要第一时间了解法国大学对留学生的要求。不同的国家有不同的留学制度，相比较而言，赴法留学并不困难，但前提是要迈过法国教育局针对他国学生赴法留学所制定的门槛。

赴法留学应具备的条件

应具备与就读相关专业匹配的学历证明

应向校方提供就读专业的相关学历证明。赴法就读大学的留学生，应提供高中学历证明、毕业证书、成绩单，并详细介绍自己对所选专业的兴趣与认识。而申请就读研究生课程的，则应在提供相关专业的学位证书、成绩单之外，提供自己所取得的成果及独立完成的论文。

就读学历	所需证明
大学预备课程	高中学历证明
学士学位文凭	高中学历证明
硕士学位文凭	学士学位
博士学位文凭	硕士学位

相当的法语水平

申请学生签证时，申请学生的法语水平须达到一定程度。申请者至少应在 TEF/TCF 考试中拿到 250 分及以上的成绩，才能申请法国院校。若是法语成绩不理想，则须在法国先赴语言学校进修语言，或者至法国就读预科。若语言水平不过关，则申请者很难得到批复。

赴法国留学不只需要法语水平、高中成绩平均水平，还应具备一定的专业知识。选定自己欲就读的专业后，申请学生应对该专业加强了解，这对将来的课程攻读有很大好处，也可使留学生尽快适应专业课程的学习。

相应的经济能力

赴法国留学必须具备一定的经济实力，获得学校录取通知书后，留学生须按学校的要求预交学费，并提供在法国留学的资金来源证明。法国是经济发达国家，也是全球生活水平较高的国家之一，除注册费或学费因各大学情况不同而略有差异外，每年的住宿、服装、饮食、交通、旅游出行、娱乐等方面的费用总共约需 4000~10000 欧元。但要注意的是，法国当局一般允许留学生以打工的方式来积攒学费。

须持有健康证明

进入法国后，须提供健康证明和国际预防接种证书。留学生可赴法国境内获得认证的医院进行体检，若申请大学提供体检表，则按表格要求请医生填写，体检流程一般为：

登记 → 摄像 → 内外科、五官检查

心电图检查 → B 超检查 → 放射科检查

采血 → 预防接种 → 交回体检表

3 个工作日可取

赴法留学需考试

法国的公立大学主要用法语授课，而部分私立大学则开设了法语课程。留学生申请法国大学时，需要了解所申请的大学要求哪项语言测试的成绩。这里介绍常用的 4 种认证考试，即 TCF、TEF、IELTS、TOEFL。

TCF

TCF 是法国国家教育研究中心组织的测试法语水平考试，由法国青年、国民教育及科研部推出，是申请法国大学必须进行的语言标准化测试。该考试受欧洲语言测试协会(ALTE)的承认，面向所有母语非法语，希望赴法国接受高等教育的学生。

TCF 考试主要由法国教育服务中心主持，报考 TCF 考试至少需要 500 小时或以上的法语学习时间。考试证书的有效期为 2 年。法国教育服务中心在中国的北京、上海、武汉、广州、成都、沈阳设有六个分处。每周这六个分处都会组织几次机考，考生可根据自己的情况选择考试时间、地点。TCF 必考部分报名费用大致在人民币 1400 元左右。

TCF 报名方式

- 填写 Campus France 表格。
- 登录 Pastel 系统填写个人情况和报名情况。
- 只可通过银行汇款支付考试费用。
- 登录 Pastel 系统填写付款声明。
- 等待法国使馆财务处确认考生已经付款(需要 5~8 个工作日)。
- 根据自身情况的不同,选择考试的地点和场次。
- 打印准考证。

TCF

考试时间 90 分钟，三个必考部分,满分为 699 分。

- 听力理解
- 语言结构
- 阅读理解

听力理解

听力理解考试共 25 分钟,一般为 20 道题,每道题的答题时间不超过 2 分钟,内容包括看图理解。听题回答、听短文理解意思后回答问题。录音播放过一次后不会重放,答案也不能修改,考生必须掌握好时间按时完成答题。

语言结构

语言结构部分主要是测试考生的语法和词汇。在该部分中偏重语法，词汇部分较少涉及，考生作答多是依靠平时的词汇积累。本部分共 20 题，答题时间为 20 分钟，每道题只有 1 分钟的时间，但答案可以修改。考生应自主分配好时间。

阅读理解

本部分共 30 题，答题时间为 45 分钟。阅读理解的题目基本都需要考生阅读一篇文章后，根据其内容解答问题。因为每篇文章都对应 2~3 题，所以需要考生合理分配时间，不要一味在难题上纠缠。先看题目再看文章可以加快速度。

要加强自己的法语听说能力，可以到外国人出入较多的地方找人闲聊，平时多听法语新闻并用法语写日记也是增强法语能力的好办法。

TEF

全称 Test d'Evaluation de Francais，简称 TEF。是法国工商会和法国法语联盟主办的法语水平测试，并由法国法语联盟总部负责出题、阅卷。该测试为法国教育部正式承认，可作为法国大学和高等专科学校的入学语言水平依据，也可凭借该测试成绩申请赴法就职。

报考 TEF 考试至少需要 500 个小时或以上的法语学习时间。考试证书的有效期为一年。法语联盟总部在中国的北京、上海、广州、武汉、成都五个城市设有考点，每个月都安排有 4 次考试。考生可根据自己的情况选择考试时间、地点。TEF 必考部分报名费用大致在人民币 1200 元左右。

TEF 报名方式

- 登录 CELA 官方网站并进行注册。
- 填写 Campus France 表格。
- 登录 Pastel 系统填写个人情况和报名情况。
- 可通过信用卡或网银支付考试费用。
- 登录 Pastel 系统填写付款声明。
- 等待法国使馆财务处确认考生已经付款。
- 根据自身情况的不同，选择考试的地点和场次。
- 打印准考证。

TEF

考试时间 150 分钟，3 个必考部分，满分为 900分。

- 阅读理解
- 听说测试
- 词汇与结构

阅读理解

本部分共 50 题，答题时间为 60 分钟，每道题平均有 1 分半左右的答题时间。阅读理解主要考查考生是否能识别简单文章，了解文章作者的意图，并能根据文章内容做出基本的判断。所考文章可能是信件、报刊文章也可能是文艺评论。考题是回答问题、进行信息分类、换方式表达句子等。

听说测试

听力测试的答题时间共有 40 分钟，需要考生听录音回答 60 个问题，由于时间紧迫，所以考生没有修改的时间，需要在听过录音后立刻做出反应。本部分主要考查考生能否识别对话，了解交流的目的、观点及态度。考题可能是看图回答录音问题，也可能是听一段文章、对话后回答问题。

词汇和结构

本部分的答题时间共有 30 分钟，考生须回答 40 个问题，由于每道题只有不到 1 分钟的回答时间，因此考生应控制好时间。本部分主要考查考生对语言掌握的准确程度，是否了解日常法语用语。考题可能是填空、也可能是完成、补充句子或替换词汇，找出错误等。

IELTS

International English Language Testing System，缩写为 IELTS，是由英国文化协会、剑桥大学考试委员会和英国教育国际开发署共同举办的国际英语水平测试。此项考试是为申请赴英语国家留学的非英语国家留学生、移民人士而设，以评定考生的英语能力。法国部分大学使用英语授课，申请者须提交 IELTS.70FEL 成绩。

在做 IELTS 的阅读题时，应尽量适应英语文章的逻辑关系，体会出题者的出题思路，这样即使遇到生词，也可以结合上下文的语境，顺利通读下来。

IELTS 报名方式

- 注册成为教育部考试中心网上的报名系统的用户。
- 可通过电汇，或由中国工商银行/中国招商银行的网上付费服务来预存考试费用。
- 根据自身情况的不同，选择“学术类”(用于留学)/“培训类”(用于移民)来选择考位。
- 填写 IELTS 报名表并确认付费。

IELTS 考试时间共为 2 小时 45 分钟，内容分为 4 部分。

- 听力测试
- 阅读理解
- 书面写作表达
- 口语

听力测试

听力考试共 40 分钟，其中播放录音时间 30 分钟，答题时间 10 分钟。听力测试题目分为 4 部分。第一部分是情景对话；第二部分是单人陈述演讲；第三部分是学术性对话；第四部分是学术论文演讲。考试的难度随进度增加。考生听完录音后，会有少量时间以供复查。

阅读理解

阅读理解时间共 60 分钟，题目分为 3 部分，每部分阅读段落的字数大约在 1000 字 ~15000 字，每段阅读理解所需回答的问题为 13~14 道，考生须在一小时内回答完 40 题。

书面写作表达

写作时间共 60 分钟，两道作文题目侧重点不同。第一题往往是书信或看图说话，字数要求为 150 字。第二题则是议论文或说明文，要求字数为 250 字。

口语测试

口语测试一般为 14 分钟，是一对一进行的，考官会就考生的个人问题进行发问，并据考生回答的问题进行展开。适当时候，考官会出示题目卡，要求考生就题目所涉及的内容回答他的题目，并进行陈述，时间不得少于 1 分钟。最后，考官会就当前问题与考生深入展开交谈，以测试考生的英语口语能力及应对能力。

考 IELTS 的作文时，考生可多用谚语及名句，且卷面力争保持整洁，这会对考试成绩有较大帮助。

TOEFL

TOEFL是由美国教育测验服务社(ETS)举办的法语能力考试,全名为“检定非英语为母语者的英语能力考试”,中文音译为“托福”。2005年9月,美国教育考试服务中心(ETS)推出了一种全新的综合英语测试方法,即TOEFL IBT(Internet Based Test)。2011年,美国教育考试服务中心宣布:基本所有英语国家高等院校都已接受托福成绩作为他们的入学标准。此次宣布的这项决定意味着,现在全世界的学生都可以用托福成绩来同时申请英语国家签证和高校。TOEFL考试的主要目的是考察非英语国家学生的法语熟练程度。法国部分大学使用英语授课,申请者须提交IELTS.7OFEL成绩。

TOEFL 报名方式

- 注册网上用户,创建个人档案。(填写个人中/英文姓名,身份证件类别、证件号码、生日、电话号码、电子邮箱地址以及通信邮寄地址)。
- 缴纳考试费用。
- 注册考试信息。
- 填写个人背景信息。

对大部分中国学生来说,新托福的机考模式是比较新颖的方式,考生除了努力提高英语能力在外,平时应多通过电脑来阅读,习惯在电脑或网上答题。

TOEFL 考试时间一般为3个小时，其内容为四部分：

- 阅读理解
- 听力理解
- 口试
- 书面表达

阅读理解

阅读一般为3篇文章，每篇文章共有11道选择题，除了第11题之外，其他10题均针对文章部分内容，题目顺序与文章段落顺序一致，因此考生需在做题的过程中阅读文章，根据自己的理解选择正确答案。此部分答题时间一般为1个小时。

听力理解

包括2篇情景对话和4篇课堂演讲。录音播放的同时，电脑上会显现出相关的背景图片，考生可边听边做笔记，以备答题。听力测试时间约为50分钟左右。

要应对托福考试，考生应在日常生活中多运用英语，不要对语法题目死记硬背，因为新的托福考试已经取消了语法题目。

口试

口试题共有6题，第1~2题要求考生就某一话题阐述自己的观点。第3~4题则需要考生先在45秒之内阅读一段短文，随后听一段录音对话。要求考生将短文和对话联系起来，回答相关问题。考生共有30秒的准备时间，然后进行1分钟的回答。第5~6题则要求考生听一段录音，回答相关问题。考生有30秒准备时间，回答时间为1分钟。

书面表达

要求考生在1小时内完成2篇作文。第一篇是通行的英语作文，考生根据题目要求撰写即可。第二篇则需考生先阅读一篇文章，再听一段相关演讲，随后要求考生在20分钟内写一篇作文，总结课堂演讲的论点、论据，并陈述这些论点、论据是如何反驳文章的论点、论据的，字数要求为150字到225字之间。在写作时，文章会重新显示在电脑屏幕上。

由于托福考试现在改为机考，考生应分配好自己的考试时间，学会在压力下掐着时间做题，不要在一道题上浪费过多的时间，导致做不完题目。

托福满分为120分，四部分测试分别占30分。在考试过程中，考生往往会遇到加试的情况。多为听力和阅读题，需慎重对待。TOEFL考试成绩2年内有效，一般应在联系学校前就报考TOEFL，并在申请学校时附上TOEFL成绩。

欧洲共同语言框架

欧洲共同语言框架(CEFR),全称为:Common European Framework of Reference for Languages。该框架于2001年经欧洲议会通过,后几次改版,形成了如今欧洲评价语言水平的标准框架。

欧洲共同语言框架主要评估:交流必需的能力,相关法语、法语知识和会话技能,沟通的方式及领域。并且针对被评估者的“听、说、读、写”能力进行了分级,使评估者更易于区分。

CEFR 等级		听	说	写
熟练掌握	C2	能轻松理解对方的意思，就任一话题与对方展开讨论。	能连贯、流利地表述自己的想法,即兴发表短篇演说。	能撰写专业性较强的文章，写作长信，用法语完成书面作业。
	C1	对对方较长、语速较快的对话能迅速理解，做出正确反应。	能表述较抽象的话题，有条理、熟练地运用法语来表达。	能撰写较复杂的文章，自然地运用词组、长句来表达。
流利应用	B2	能听懂抽象话题的对话，与对方进行互动。	能交流中清晰地表达出自己的意见,分析某事的好坏利弊。	能根据某题材写出清楚、详尽的说明、陈述。
	B1	对对方展开的话题能做出正确反应，	能清楚地表述自己，描绘自己的目标、梦想、对未来的规划。	能写作简单作文，书面描绘自己的计划。

CEFR 等级		听	说	写
基础水平	A2	可以根据对方的指令做出正确反应。	可以简单描述自己的个人情况，与他人做简单交流。	有基本书面表达能力，能完整填写表格并描述自己。
	A1	能理解对方的基本意思，听懂问题。	能简单介绍自己的姓名、地址、爱好，便于他人了解自己。	能写出基本的句子，可以用简单的语句书面介绍自己。

根据上面的表格，对 CEFR 各个阶段的分级要具备什么法语水平应该有了更直观的了解。实际上，这种分级也对法语学习时间和单词量有一定的要求。

可以参考正文中“欧洲语言框架”的 6 个标准来评估自己的法语能力，看是否达到了要求，若未能达到，则可按照评估结果，尽快补上自己的短板。

- 具备 A1 水平需要进行 75~100 小时以上的法语学习，并掌握 500 个单词。
- 具备 A2 水平需要进行 180~200 个小时以上的法语学习，并掌握 1000 个单词。
- 具备 B1 水平需要进行 350~400 个小时以上的法语学习，并掌握 2000 个单词。
- 具备 B2 水平需要进行 500~600 个小时以上的法语学习，并掌握 2500 个单词。
- 具备 C1 水平需要进行 700~800 个小时以上的法语学习，并熟练运用大部分法语单词。
- 具备 C2 水平需要进行 1000~1200 个小时以上的法语学习，并熟练运用大部分法语单词。

选择学校

拿到了考试成绩，决定了自费留学，下一步的准备就是申请就读学校。首先要了解的一点是，不要只盯着法国排名前几位的大学，而是应该切合自身的条件、所学专业来选择。有些学校虽然排名靠前，但由于历史、宗教、学术氛围等原因，也许并不适合中国学生留学。反而是一些排名靠后的大学，学术氛围自由，师生关系融洽，社团众多，适于游学。所以要从自身环境出发，慎重选择，而不要一味只为了面子和名气，做出错误的选择。

选择公立大学还是私立大学

首先要决定申请公立大学还是私立大学。法国有几百所大学，其中公立大学为 90 多所，其余为私立大学或专业、职业学院。留学生就读法国的公立大学不需要缴纳学费，只需支付注册费用即可；而私立大学则要求留学生缴纳学费。正因为如此，私立大学的师资雄厚，招生范围较广，且可以自行开设课程及颁授证书。公立大学学术氛围浓厚，私立大学勇于创新。公立大学的学生自主学习性较强，私立大学的学生则多能获得实习、实践的机会。

年龄较小、独立生活能力不足的留学生可选择拥有较多中国留学生的大学，这样有助于更好地适应留学生活，一旦有事也能尽快寻求帮助。

选择哪个地区的大学

留学不仅要选择学校，还要选择学校的环境。法国的大学分布在各个大区及市镇中，各地区的气候、风俗、人文都不尽相同。是大都市还是中小城镇，往往有着较大的不同。大城市意味着大量资源，并且可以让你有机会参与更多活动，且也易于获得与专业相关的资源。也正因此，大城市的诱惑也更多，如果不能把握自己，就会迷失方向。小城镇或乡镇资源虽然相对匮乏，却可以集中精力学习，也能更好地团结同学，共同完成课题。

选择大型院校还是小型院校

法国既有上万人的大型院校，也有师生加起来不过千人的小型大学。在申请就读时，也应该关注这种学校规模所造成的差异。大型院校往往容纳多种社团，也常有各种活动举办。且由于学生人数众多，相对留学生人数也较多，多有建立留学生组织。小型院校则学生人数较少，学术氛围浓厚，较为安静，且科目教授指导的人数较少，有机会得到更有针对性的辅导。

选择专业性院校还是一般性院校

一般性院校指的是综合性院校，专科学校则指某一专业领域的院校，该类院校侧重于艺术、理工、设计等科目，大部分是单科大学。在综合性大学中，除了主修的专业外，也多能接触到其他专业，融汇贯通，有更多机会将所学的知识运用到各种工作中去。专科大学则可以更深入地钻研自己的专业，学校也多会组织该专业的实践活动，有助于更集中精力学习专业知识。

选择就读大学时，应抱有明确的目标，如将来希望从事什么工作、将来是否自己创业、大学毕业后是希望回国还是继续留在法国深造或是工作等，这些都对大学的选择、专业的选择有较大影响。

法国大学星级评定

法国的大学共有几百所，分布在各个不同的大区内，留学生往往眼花缭乱，不知哪所大学才是最适合自己的。出于这种心情，很多学生和家长就更看重大学排名，希望以此作为依据，做出正确的选择。因此在本章内列出各个类别评定为 5 星或 4 星的大学，以供参考。

选择大学时确实应考虑综合排名，但名校只是就职的敲门砖而不是升职的必要条件，因此应更多地考虑就读专业的排名。

热门专业排名

留学法国的学生多关注一些易于就职，既能适应法国本地的职业缺口，也能在国内拥有一定的竞争力的专业。以下分别列出法国教育部大学排行榜，法国公立大学排行榜，以及法国大学中工程师、商科、美术、经管、建筑、法律这 6 种最受留学生欢迎的热门专业的大学排行榜。

教育部大学排行榜

大学名称	星级评定
斯特拉斯堡一大	★★★★★
里尔一大	★★★★★
巴黎十一大	★★★★★
巴黎九大	★★★★★
格勒诺布尔三大	★★★★★
马赛三大	★★★★★
蒙彼利埃三大	★★★★★
图尔大学	★★★★★
昂热大学	★★★★★
普瓦捷大学企业管理学院	★★★★★

公立大学排行榜

大学名称	星级评定
斯特拉斯堡一大	★★★★★
里尔一大	★★★★★
格勒诺布尔一大	★★★★★
巴黎十一大	★★★★★
巴黎九大	★★★★★
蒙彼利埃二大	★★★★★
南锡一大	★★★★★
里昂一大	★★★★★
普瓦提埃大学	★★★★★
雷恩一大	★★★★★

工程师

大学名称	星级评定
贡皮埃涅技术大学	★★★★★
国立里昂应用科学学院	★★★★★
法国雷恩化学工程师学院	★★★★★
法国里尔高等电信学院	★★★★★
高等电子与数字技术学院	★★★★★
法国国家信息处理科学学院	★★★★
国立雷恩应用科学学院	★★★★
巴黎电力电子工程师学院	★★★★
国立图卢兹应用科学学院	★★★★
国立达尔伯 ENIT	★★★★

商科

大学名称	星级评定
巴黎高等商业学院	★★★★★
鲁昂高等商学院集团	★★★★★
法国高等经济商业学院	★★★★★

大学名称	星级评定
里昂管理学院	★★★★★
格勒诺布尔高等管理学院	★★★★★
兰斯高等管理学院	★★★★★
北方高等商学院	★★★★★
里昂天主教大学管理学院	★★★★★
巴黎高等商业学院	★★★★
南特高等商学院	★★★★

美术

大学名称	星级评定
巴黎美术学院	★★★★★
布雷斯特美术学院	★★★★★
敦刻尔克美术学院	★★★★★
巴黎凡尔赛美术学院	★★★★★
勒芒美术学院	★★★★★
瓦兰斯国立美术学院	★★★★★
波尔多国立美术学院	★★★★★
佩皮尼昂美术学院	★★★★★
里昂国立美术学院	★★★★★
布尔杰美术学院	★★★★

经管

大学名称	星级评定
巴黎九大	★★★★★
图卢兹社会科学第一大学	★★★★★
巴黎一大	★★★★★
格勒诺布尔二大	★★★★★
斯特拉斯堡一大	★★★★★
保尔•塞尚-埃克斯-马赛三大	★★★★★
克洛德•贝纳尔-里昂一大	★★★★★
卢密耶-里昂二大	★★★★★

大学名称	星级评定
奥凡尼-克莱蒙费朗一大	★★★★
里尔科学与技术一大	★★★★

建筑

大学名称	星级评定
斯特拉斯堡一大	★★★★★
里尔一大	★★★★★
格勒诺布尔一大	★★★★★
巴黎十一大	★★★★★
巴黎九大	★★★★★
蒙彼利埃二大	★★★★★
南锡一大	★★★★★
里昂一大	★★★★★
普瓦提埃大学	★★★★★
雷恩一大	★★★★

律师

大学名称	星级评定
巴黎一大	★★★★★
巴黎二大	★★★★★
巴黎九大	★★★★★
蒙彼利埃一大	★★★★★

获得学校资料

决定了要就读的学校后，应对该校有进一步的了解，这时就要着手准备申请学校资料。如何申请呢？其实并不困难。可以向学校索取资料，也可在学校官方网站上获得相关信息。法国大部分大学基本都拥有自己的官方网站，且内容翔实，往往也都有针对留学生所开设的版块。

以里尔一大为例

网站上的留学版块除了写明入学条件、可选专业等，一般还附有联系方式，可通过此来索取资料，除可得到学校简介和申请书外，还可获得留学的各方面资料。

索取资料

- 网络申请
- 电子邮件申请
- 信件申请

申请信范例：

La traduction:

He Cheng
67 rue Zizhuyuan, Haidian Arrondissement
Beijing Chine
Tel +86-10-7765 2384
E-mail hesheng@hotmail.com

Wed, 7 Nov 2012

Cher Monsieur/Madame

Je m´appelle He Cheng, un étudiant de l´Université de Beijing. Je viens de finir mes études universitaires du premier cycle.

Pour réaliser mon rêve, je voudrais toujours continuer mes études supérieures à l´étranger. Votre université m´intéresse

beaucoup. C´est mon premier choix. Alors j´ai vraiment besoin de votre aide. Pourriez-vous m´envoyer des informations.

concernant votre exigence de l´acceptation, la formulaire de la demande et la bourse pour l´année

2012

Si je pouvais avoir votre réponse le plus tôt possible, je vous remercierais infinitivement.

Veuillez accepter mes meilleures salutations.

是否满足留学条件

拿到理想大学的资料，首先要了解的就是你是否符合该校的招生条件。法国大学的申请状况与国内不同，因此各大院校都需要学生提交最终学历的成绩单，TCF、TEF 成绩，以及社会活动、个人简历等，通过这些材料学校才进行对留学生的综合评价。除此之外，还需要学历证明、法语能力、专业证明、留学资金。不同的学校要求也不同。

▲表示无特别要求

	学历	成绩	法语能力	资格证书	学费
研究生	学士，硕士（不同学科）	GPA>3.3	TCF 450~500 TEF 650~700	TCF、TEF、GCE（普通教育证书）等	公立大学约为250~800欧元；私立大学约为7000欧元以上
大学	高中毕业、大专毕业、学士（不同学科）	GPA>2.0	TCF 350~450 TEF 550~600I	TCF、TEF、高中毕业证书等	公立大学约为150~800欧元；私立大学约为10000欧元以上
语言学校	一般不需学历资格，少数学校要求高中毕业资格	▲	▲	▲	约为1350~3000欧元/年

往法国打电话

00 国家电话识别号码 ＋ 033 法国的国家代码 ＋ 地区代号 ＋ 对方号码

了解申请手续

决定了要就读的学校后，就应寄信向校方提出留学申请。在等待申请表格时，无论自费或公费，出国留学一般是由本人联系学校，并按对方回执中的要求准备相关材料，如经济保证书、TCF、TEF成绩单；推荐信；本人学历证书等。一般需办理以下手续：

- 写一篇自我介绍。通常是简略介绍自己的有关情况、所受教育、个人专业爱好及未来计划等。
- 详细说明经济状况，应附有“经济状况声明”，以证明你有经济能力支付留学的费用。
- 最好根据自己选修的专业不同，附上作品。如主修音乐、绘画等专业，应附有自己的演奏录像、绘画作品。
- 寄去2张照片。
- 如学校要求付报名费，应尽早汇寄。

申请大学时，如是理科生，应尽量争取进入实验室的机会。

申请人办妥所有规定的手续之后，学校便会受理入学申请。

往中国打电话

00 国际电话识别号码 + 86 中国的国家代码 + 对方的电话号码（去掉区号里第一个0）

申请所需材料

"√"表示需要，"×"表示不需要，"○"表示有时需要

	研究生	大学	专科大学	语言学校
申请书	√	√	√	√
论文	√	○	×	×
推荐信	√	○	×	×
成绩单	√	√	○	×
保证金	√	√	○	×
申请费	√	√	√	√
TCF/TEF 成绩	√	√	○	○
资格证明	○	○	×	×
个人简历	○	○	×	×
个人作品	○	○	○	×
体检证明	○	○	×	×
毕业证	○	○	○	×

申请书

法国大学的申请表大部分都可以在网络上直接填写，或是从大学官方网站上下载填写，申请者只需按照表格所列项输入个人信息，填写完毕后通过 E-mail 或是打印后通过 EMS 的方式寄给申请学校。当然，在寄送申请书的同时，应附上结业成绩单，TCF、TEF 成绩单，认证证书，个人材料补充等一并寄送。

因各大院校录取条件不同，所以申请书也不是统一形式的，应仔细留意所写项目，最好通读后再填，以免出现错漏，影响别人对你的第一印象。部分大学会提供样本或步骤，教导留学生如何填写申请表以及怎样规范、有效率地申请本大学。

申请大学时，为了提升自己的背景，可提前做些准备，这样有助于申请者增加自己的资料厚度，更易于打动申请大学。

以斯拉斯堡一大为例

申请书范例

1

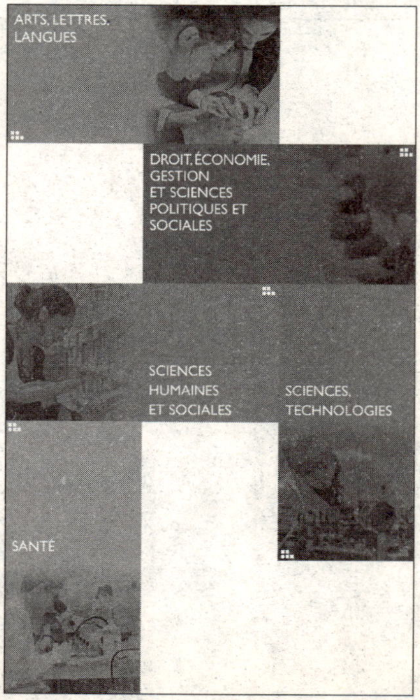

2

Comment utiliser ce guide ?

Diplôme

LICENCE

MENTION	SPÉCIALITÉ / PARCOURS	C
Arts	Arts plastiques	1
	Design	
Arts du spectacle et audiovisuel	Cinéma	1
	Danse	
	Théâtre	
Langues et interculturalité	Ensemble germanique : Allemand ou Anglais > Danois, Néerlandais, Norvégien, Suédois	3
	Ensemble méditerranéen : Espagnol ou Italien ou Turc > Grec moderne, Italien, Portugais,	
	Ensemble Europe centrale et orientale : Russe ou Allemand ou Anglais > Bulgare, Hongrois, Polonais, Serbo-Croate, Slovaque, Tchèque	
	Ensemble oriental : Arabe ou Turc > Arabe, Hébreu, Persan, Turc	

Couleur du domaine de formation

Mention

Spécialité

Parcours

UFR, Faculté, École, Institut ou École doctorale qui dispense la formation cf. p.28 à 30

Légende

A Formation proposée également en alternance
EAD Formation proposée également en enseignement à distance
FC Formation proposée également en formation continue

- ARTS, LETTRES, LANGUES
- DROIT, ÉCONOMIE, GESTION ET SCIENCES POLITIQUES ET SOCIALES
- SCIENCES HUMAINES ET SOCIALES
- SCIENCES, TECHNOLOGIES
- SANTÉ

page 8 ■■■■■ unistra.fr

3

ARTS, LETTRES, LANGUES

- Arts appliqués / Design
- Cinéma / Danse / Théâtre
- Langues et interculturalité
- Langues / Littératures et civilisations étrangères
- Langues étrangères appliquées
- Lettres
- Musique
- Sciences du langage

DROIT, ÉCONOMIE, GESTION ET SCIENCES POLITIQUES ET SOCIALES

- AES / Comptabilité
- Administration publique / Collectivités territoriales
- Droit
- Économie - Gestion
- Journalisme
- Management / Commerce
- Mathématiques / Économie
- Sciences politiques

SCIENCES HUMAINES ET SOCIALES

- Archéologie / Histoire / Histoire de l'art
- Géographie / Aménagement
- Philosophie
- Psychologie
- Sciences de l'éducation
- Sciences sociales
- Sciences du sport
- Théologie

SCIENCES, TECHNOLOGIES

- Chimie / Matériaux
- Mathématiques
- Informatique
- Physique
- Sciences pour l'ingénieur
- Sciences du vivant
- Terre et environnement

SANTÉ

- Dentaire
- Kinésithérapie
- Maïeutique
- Médecine
- Orthophonie / Orthoptie
- Pharmacie

4

CAPACITÉ-DAEU-DEUST -DUT-LICENCE-LICENCE PRO-MASTER-DIPLÔME D'ÉCOLE-AUTRES DIPLÔMES-DOCTORAT

CAPACITÉ

		C
Capacité en droit	Capacité en droit EAD	10

DAEU

MENTION		C
Option A	Lettres et sciences humaines EAD	4
Option B	Sciences	4

DEUST

		C
Collectivités territoriales: gestionnaire territorial polyvalent	EAD	2
Médiations citoyennes: éducation, culture, social, environnement		7
Métiers de la forme		18
Pratique et gestion des activités physiques, sportives et de loisirs pour les publics seniors		18
Sport adapté: activités physiques adaptées aux personnes déficientes intellectuelles ou atteintes de troubles psychiques		18
Sport et intervention sociale auprès de personnes en difficulté ou exclues		18

A Formation proposée également en alternance EAD Formation proposée également en enseignement à distance
FC Formation proposée également en formation continue

page 10 unistra.fr

ARTS, LETTRES, LANGUES — DROIT, ÉCONOMIE, GESTION ET SCIENCES POLITIQUES ET SOCIALES

5

DUT

SPÉCIALITÉ	OPTION	C
Information et communication	Communication des organisations Gestion de l'information et du document dans les organisations Publicité	37
Techniques de commercialisation		37
Gestion des entreprises et des administrations (GEA)	Finances-comptabilité Petites et moyennes organisations	36
Chimie		37
Génie biologique (GB)	Génie de l'environnement Industries alimentaires et biologiques	36
Génie civil	Cursus trinational (cursus trinational possible jusqu'en licence professionnelle)	37
Génie électrique et informatique industrielle (GEII)	Cursus trinational (cursus trinational possible jusqu'en licence professionnelle)	35
Génie industriel et maintenance (GIM)	A	36
Informatique		37
Mesures physiques (MP)	A	36
Qualité, logistique industrielle et organisation (QLIO)	Organisation et gestion des flux	35
Services et réseaux de communication (SRC)		35

CYCLE PRÉPA INTÉGRÉ

Chimie	Cycle préparatoire intégré international - Chemistry International Studies (CPI-Chem.I.st)	28

SCIENCES HUMAINES ET SOCIALES — SCIENCES, TECHNOLOGIES — SANTÉ

page 11

6

CAPACITÉ-DAEU-DEUST-DUT-LICENCE-LICENCE PRO-MASTER-DIPLÔME D'ÉCOLE-AUTRES DIPLÔMES-DOCTORAT

LICENCE

MENTION	SPÉCIALITÉ / PARCOURS	C
Arts	Arts plastiques	1
	Design	
Arts du spectacle et audiovisuel	Cinéma	1
	Danse	
	Théâtre	
Langues et interculturalité	Ensemble germanique : Allemand ou Anglais > Danois, Néerlandais, Norvégien, Suédois	3
	Ensemble méditerranéen : Espagnol ou Italien ou Turc > Grec moderne, Italien, Portugais,	
	Ensemble Europe centrale et orientale : Russe ou Allemand ou Anglais > Bulgare, Hongrois, Polonais, Serbo-Croate, Slovaque, Tchèque	
	Ensemble oriental : Arabe ou Turc > Arabe, Hébreu, Persan, Turc	
Langues étrangères appliquées	Allemand ou Anglais > Allemand, Espagnol, Grec moderne, Italien, Japonais, Néerlandais EAD	2
Langues, littératures et civilisations étrangères	Allemand EAD > Langues et cultures des mondes germaniques, Arts et produits culturels des pays de langue allemande, Parcours franco-allemand EUCOR, Préparation au professorat des écoles en contexte régional et transfrontalier	3
	Anglais > Langue et culture des mondes anglophones, Traduction(s), Préparation au professorat des écoles en contexte régional et transfrontalier	
	Arabe	
	Espagnol	
	Hébreu	
	Italien	
	Japonais	
	Persan	
	Russe	
	Turc	
Lettres	Lettres classiques	4
	Lettres modernes > Lettres modernes, Parcours franco-allemand, Préparation au professorat des écoles en contexte régional et transfrontalier, Sciences du langage	
Musique		1
Administration économique et sociale (AES)		10
Administration publique (L3)		32
Droit		10
Économie-gestion	Économie	19
	Gestion	
Mathématiques-économie		19
Droit canonique (L3)	EAD	21
Géographie	Géographie	11
	Aménagement du territoire	
Histoire	Histoire	20
	Parcours franco-allemand *Histraba*	

ARTS, LETTRES, LANGUES — DROIT, ÉCONOMIE, GESTION ET SCIENCES POLITIQUES ET SOCIALES

page 12 ■■■■■ unistra.fr

7

LICENCE

MENTION	SPÉCIALITÉ / PARCOURS	C
Histoire de l'art et archéologie	Histoire de l'art	20
	Archéologie	
Philosophie		14
Psychologie		15
Sciences de l'éducation (L3)		16
Sciences sociales	Ethnologie EAD	7
	Démographie	
	Sociologie EAD	
	Sociologie et économie	
	Sociologie, médiation et développement social	
Sciences et techniques des activités physiques et sportives	Activités physiques adaptées et santé	18
	Éducation et motricité	
	Entraînement sportif	
	Management du sport	
Théologie catholique	EAD	21
Théologie protestante	Théologie appliquée EAD	22
	Théologie fondamentale EAD	
Chimie	Chimie	8
	Chimie-Physique	
	Parcours international en chimie	
Informatique		5
Mathématiques	Mathématiques	5
	Mathématiques et physique approfondies (MPA)	
Mathématiques, physique, chimie (MPC)	Préparation au professorat des écoles	5 6
	Sciences de la matière	8
Physique et sciences pour l'ingénieur	Électronique, signal et automatique	6
	Ingénierie	
	Ingénierie, cursus franco-allemand en conception et production	
	Physique	
Sciences de la Terre et de l'environnement	Sciences de la Terre et de l'environnement	27
	Sciences de la Terre et de l'Univers	
Sciences du vivant	Biochimie et biologie moléculaire (existe en parcours franco-allemand)	17
	Biologie cellulaire et physiologie (existe en parcours franco-allemand)	
	Biologie et informatique	
	Biologie, mathématiques, chimie (L2)	
	Chimie et biologie	
	Métiers du médicament	
	Préparation au professorat des écoles	
	Sciences de la vie et de la Terre	

SCIENCES HUMAINES ET SOCIALES — SCIENCES, TECHNOLOGIES — SANTÉ

page 13

CAPACITÉ-DAEU-DEUST-DUT- LICENCE -LICENCE PRO-MASTER-DIPLÔME D'ÉCOLE-AUTRES DIPLÔMES-DOCTORAT

8

CAPACITÉ-DAEU-DEUST-DUT- LICENCE-LICENCE PRO -MASTER-DIPLÔME D'ÉCOLE-AUTRES DIPLÔMES-DOCTORAT

LICENCE

		C
PACES	Première année commune aux études de santé médecine, pharmacie, odontologie, maïeutique, masso-kinésithérapie	9 12 13

LICENCE PRO

MENTION	SPÉCIALITÉ	C
Activités et techniques de communication	Métiers de la publicité (LP PUB) A FC	37
Activités juridiques	Études territoriales appliquées EAD	2
	Métiers du notariat	10
Assurance, banque, finance	Chargé de clientèle « Particuliers » (en formation continue uniquement)	2
	Conseiller gestionnaire de clientèle sur le marché des particuliers (en apprentissage uniquement)	10
	Investigations judiciaires en matière de délinquance économique et financière (en formation continue uniquement)	26
	Métiers de l'immobilier	10
Commerce	Commercial dans l'environnement européen (LP CEE) A FC	37
	Commercialisation des produits et services sportifs (sous réserve)	18
	Distribution, management et gestion de rayon (en apprentissage uniquement)	26
Management des organisations	Management des entreprises par la qualité (LP MEQ) A FC	35
	Management et entrepreneuriat dans l'espace européen (LP M3E) (en alternance uniquement)	36
Ressources documentaires et bases de données	Médiation de l'information et du document dans les environnements numériques (LP MIDEN) A FC	37
Activités et techniques de communication	Réalisation de projets multimédia FC EAD	16
Gestion des ressources humaines	Formation et accompagnement FC	16
Agronomie	Agriculture durable FC	11 49
Électricité et électronique	Qualité et maîtrise de l'énergie électrique A FC	6
	Systèmes électriques et réseaux industriels (LP SERI) A FC	35
Génie civil et construction	Construction et aménagement (LP CA) (en apprentissage uniquement)	37
	Énergie et confort (LP EC) (en apprentissage uniquement)	
Gestion de la production industrielle	Contrôle industriel et maintenance des installations (LP CIMI) A	36
	Logistique et performance industrielles (LP LPI) A FC	35
	Techniques avancées de maintenance (LP TAM) (en alternance uniquement)	36

page 14 unistra.fr

ARTS, LETTRES, LANGUES — DROIT, ÉCONOMIE, GESTION ET SCIENCES POLITIQUES ET SOCIALES

LICENCE PRO

MENTION	SPÉCIALITÉ	C
Industrie agro-alimentaire, alimentation	Qualité, sécurité des aliments, des produits biotechnologiques et de santé (LP QSAPBS) FC	36
Industries chimiques et pharmaceutiques (ICP)	Chimie analyse contrôle A FC	37
	Procédés et technologie pharmaceutiques A FC	13
Production industrielle	Pré-industrialisation et prototypage A FC	6
	Techniques nucléaires et radioprotection EAD FC	
Protection de l'environnement	Gestion des eaux urbaines et rurales FC	11 49
Systèmes informatiques et logiciels (SIL)	Administration de réseaux et services (LP ARS) A FC	5 37
	Concepteur-développeur en environnement distribué (LP CDED) A	37
	Qualification complémentaire en informatique (LP QCI) EAD FC	
Techniques et activités de l'image et du son (TAIS)	Création et intégration numériques > Vidéos numériques, créations visuelles et sonores pour supports numériques A FC	35
Aménagement du territoire et urbanisme	Métiers de la prospection en géosciences	27
Bâtiment et construction	Construire écologique	37 50
Santé	Métiers de la santé au travail et de la santé dans l'environnement (en formation continue uniquement)	48
	Visiteur médical A FC	13
	Métiers de l'optique et de la vision : aspects scientifiques, techniques et commerciaux (en formation continue uniquement)	6
	Gestion du risque infectieux associé aux soins (en formation continue uniquement)	12 48
	Instrumentation et maintenance en imagerie et techniques nucléaires pour la santé (LP IMA2TEC)	36

A Formation proposée également en alternance EAD Formation proposée également en enseignement à distance
FC Formation proposée également en formation continue

SCIENCES HUMAINES ET SOCIALES SCIENCES, TECHNOLOGIES SANTÉ

page 15

10

MASTER

MENTION	SPÉCIALITÉ / PARCOURS	C
Arts du spectacle	Conception de projets artistiques - spectacle vivant	1
	Études théâtrales, cinématographiques et chorégraphiques > Études théâtrales, Études cinématographiques, Études chorégraphiques	
Arts visuels	Arts plastiques > Arts plastiques, Critique-Essais	1
	Arts appliqués, design, architecture > Design - Architecture / Design - Projet / Couleur - Architecture - Espace	
	Enseignements des Arts appliqués et du design > CAPET et CAPLP d'arts appliqués	
	Enseignement des Arts plastiques > CAPES et Agrégation	
	Multimédia	
Études méditerranéennes, orientales et slaves	Monde roman et néo-hellénique > Études ibériques et latino-américaines, Études italiennes, Études néo-helléniques	3
	Monde proche et moyen oriental > Études arabes, Études hébraïques, Études persanes, Études turques	
	Monde extrême oriental et slave > Études japonaises, Études slaves	
	Monde hispanique, métiers de l'enseignement et de la recherche	
Langues et interculturalité	Diversité, contacts, échanges linguistiques et culturels > Plurilinguisme européen et interculturalité, Formation trinationale plurilingue (orientation professionnelle ou recherche)	2
	Relations internationales et langues > Communication internationale, Coopération Union Européenne-Pays en développement, Études européennes et gestion de projets européens, Intelligence économique et gestion du développement international	
	Traduction et interprétation > Création de sites web multilingues EAD, Linguistique, Informatique, Traduction, Traduction audiovisuelle, Traduction littéraire, Traduction professionnelle, Interprétation de conférence, Interprétation de liaison	
Lettres	Cultures littéraires européennes (Erasmus Mundus)	4
	Littératures française, générale et comparée > Métiers de l'édition	
	Philologie classique	
	Préparation aux métiers de l'enseignement > Lettres classiques, Lettres modernes	
Mondes anglophones	Métiers de l'enseignement, Recherche	3
Mondes germaniques	Allemand en présentiel	3
	Allemand EAD	
	Formation aux métiers de l'enseignement et de l'éducation > CAPES	
Musique	Composition et interprétation musicales	1
	Musique et musicologie	
	Métiers de l'enseignement en éducation musicale > CAPES Éducation musicale et chant choral	
	Agrégation de Musique	
Sciences du langage		4

A Formation proposée également en alternance EAD Formation proposée également en enseignement à distance
FC Formation proposée également en formation continue

ARTS, LETTRES, LANGUES
DROIT, ÉCONOMIE, GESTION ET SCIENCES POLITIQUES ET SOCIALES

MASTER

MENTION	SPÉCIALITÉ / PARCOURS	C
Administration des entreprises	MAE > Cycle étudiant, cadre FC (formation également délocalisée à Mulhouse), recherche, transfrontalier franco-allemand, Alsace Tech	26
	Management des organisations de santé A FC	
Administration économique et sociale (AES)	Achat international	
	Gestion et droit des énergies et développement durable	10
	Gestion et droit de l'économie numérique > Commerce électronique, Droit de l'économie numérique	
Administration publique	Administrations locales et régionales en Europe > Administration des collectivités territoriales, Autonomie locale et politiques publiques en Europe	31
	Carrières et action publiques > Carrières et action publiques, Management et gestion publics	
	Management des organismes sociaux	32
Analyse et politiques économiques	Économie et management de l'innovation	
	Macroéconomie et politiques européennes	19
	Statistique et économétrie	
Comptabilité, contrôle, audit		26
Droit de la propriété intellectuelle	Droit de la propriété intellectuelle dans la société de la connaissance > Droit de la propriété intellectuelle et valorisation des biens immatériels, Droit de la propriété intellectuelle et commerce, Droit et gestion de la propriété intellectuelle (en formation continue uniquement), Droit de la propriété intellectuelle et patrimoine culturel	23
	Droit européen et international de la propriété intellectuelle	
Droit de l'Union européenne	Contentieux communautaire (formation entièrement dispensée à l'Université du Luxembourg)	
	Droit international et européen des affaires	10
	Droit de l'Union européenne	
	Droit pénal de l'Union européenne	
	Droit de l'économie et de la régulation en Europe	31
	Droit des produits de santé en Europe	10 13
Droit des affaires	Droit bancaire et financier A	
	Juriste et conseil d'entreprise	10
	Conseil en gestion de patrimoine A	
	Droit du multimédia et des systèmes d'information EAD	10 23
	Lutte contre les fraudes et le blanchiment > Lutte contre la criminalité organisée dans sa dimension économique et financière en Europe (formation continue uniquement), Prévention des fraudes et du blanchiment A FC	26
Droit international	Droit international public ou privé (S3)	10
Droit privé	Droit privé fondamental	10
	Droit de la famille, interne, comparé et international	
Droit public	Droit public général	10
	Marchés et travaux publics	

SCIENCES HUMAINES ET SOCIALES — SCIENCES, TECHNOLOGIES — SANTÉ

12

CAPACITÉ-DAEU-DEUST-DUT-LICENCE-LICENCE PRO- **MASTER** -DIPLÔME D'ÉCOLE-AUTRES DIPLÔMES-DOCTORAT

MASTER

MENTION	SPÉCIALITÉ / PARCOURS	C
Droit public et droit privé	Dimensions historiques du droit européen	
	Droit du contentieux	
	Droit de l'environnement, des territoires et des risques	10
	Droit notarial et immobilier	
	Droit pénal et sciences criminelles	
Droit social	Droit social interne, européen et international	10
Droits de l'Homme	Affaires humanitaires et coopération internationale	
	Minorités nationales	33
	Protection des droits de l'Homme FC	
Droits européens	Droit comparé > Parcours recherche, Parcours EUCOR	10
	Droit européen économique	33
Études européennes et internationales	Histoire des relations internationales et des processus d'intégration régionale	
	L'Allemagne en Europe	33
	Le modèle européen dans la mondialisation : approches interdisciplinaires	
Finance	Actuariat et gestion du risque	5 19
	Finance d'entreprise et pratique des marchés financiers	19
	Gestion financière de la banque	31
	Gestion juridique et financière	19
	Stratégie et finance d'entreprise en Europe	31
Journalisme		25
Management	Comptabilité-Contrôle > Audit financier et opérationnel, Contrôle de gestion	
	Entrepreneuriat en PME A FC > Conseiller de clientèle professionnelle (en apprentissage uniquement)	
	Gestion des ressources humaines A FC > Formation également délocalisée au Maroc (en formation continue uniquement)	26
	Ingénierie d'affaires : formation en apprentissage dispensée à Mulhouse, formation continue dispensée à Strasbourg, Parcours transfrontalier franco-allemand	
	Marketing > Marketing et écoute des marchés (formation uniquement en formation continue ou en apprentissage), Marketing et gestion d'événements (formation uniquement en formation continue ou en apprentissage, également délocalisée à Paris)	
Management des projets et des organisations	Production, logistique, innovation > Ingénierie de projets innovants (en formation continue uniquement), Stratégies de propriété intellectuelle et innovation (en formation continue uniquement)	
	Qualité > M2 Qualité (en formation continue uniquement)	19
	Management des projets internationaux > Management international de l'innovation (double diplôme)	
Métiers de la formation en sciences économiques, sociales et de gestion	CAPES de Sciences économiques et sociales	19
	Agrégation de Sciences économiques et sociales	
	CAPET d'Économie et de gestion > Communication, Organisation et gestion des ressources humaines, Comptabilité et finance	19
	Agrégation d'Économie et de gestion > Économie et gestion administrative, Économie et gestion comptable et financière	19

page 18 ■■■■■ unistra.fr

ARTS, LETTRES, LANGUES | DROIT, ÉCONOMIE, GESTION ET SCIENCES POLITIQUES ET SOCIALES

申请入学

赴法国留学的学生，必须先获得法国任一大学的录取通知书，才可申请学生签证赴法。法国大学的学年一般只有32个星期，除寒暑假，上课时间为每年的11月~2月，3月~9月。其中又根据各大学自身情况分为2~3个学期；申请入学的时限一般为每年的6~8月，法国各大学的报名截止日期一般为9月中旬。

申请赴法留学的学生选择好心仪的学校后，应于入学前一年向院方提出入学申请。

申请入学的步骤

申请大学时，应准备至少1~2篇论文。

- 确定欲就读的学校，及是否准备向1所或多所大学提出申请。
- 向学校索取或是从网络上下载入学申请表。
- 仔细查看入学申请表的内容，认真翔实地填写。
- 备齐个人各项材料，如高中毕业证书、TCF、TEF成绩单、推荐信、个人作品、健康证明等等，随填写好的申请表及其报名费以挂号信的形式一起寄出。
- 准备好汇票以支付学院要求缴纳的注册费、生活费及医疗保险费。
- 学校收到上述材料和报名费后，会进行评估，如申请者的个人情况符合入学要求，则会寄回录取通知书。

现今，法国大学大都都开通了“在线申请入学”系统，申请者不必再向学校索要纸质的申请表，可从网络上下载或直接在线填写申请表格。但要注意的是：大部分法国大学还需收到学生的个人材料才进行审批，因此申请者必须尽早提交申请，为后面一系列手续留出充足时间。

法国的奖学金

留学的费用不菲，想要减轻负担，申请奖学金是最见成效的做法。而法国作为教育大国，凭借宽松的留学政策和低廉的留学费用吸引了各方学子到法国就读。不仅公立大学免收学费，法国教育部及各个大学本身都设立了各种奖学金项目。其从学士到博士课程都设置了不同级别、不同金额的奖学金，覆盖面极广。此外，部分法国企业为了吸引优秀毕业生，还添设了企业奖学金。留学生可根据自身情况申请。

法国的奖学金主要分 3 大类：

政府奖学金
大学奖学金
企业奖学金

法国大学的奖学金众多，留学生申请时要注意所申请奖学金针对的专业。若符合自己所学专业则在申请时有事半功倍之效。

政府奖学金

法国政府鼓励各国留学生赴法学习，为了吸引优秀留学生，法国政府设立了各种奖学金项目，其中有多项针对中国留学生，这多种奖学金分为全额和半额，每年申请者众多。中国留学生常申请的政府奖学金主要有 4 种。

France Excellence 奖学金
法国埃菲尔博士奖学金
科研机构/研究所的博士后奖学金
地区奖学金

France Excellence 奖学金

申请法国大学的奖学金应在入学前一年就着手准备，申请者须注意申请的截止日期，不要拖延至过期。

该奖学金项目于 2010 年由法国驻华使馆文化教育合作处及科技处联合发起并设立，目的是为了奖励在法国攻读硕士课程的优秀学生。该奖学金 2011 年一经推出即获得了巨大的成功，而后又在原来的基础上增加了申请的专业领域，现申请该奖学金可登录法国高等教育署官方网站了解申请事宜及下载申请表格。

资助对象

主要面向在法国高等教育机构进行硕士课程学习或研究的中国公民。

资助内容

- 每月直接向学生发放 767 欧元（约合人民币 6900元）。
- 为 28 岁以下的学生提供学生社会保险。
- 负担每年 240 欧元的补充医疗保险。

- 视宿舍紧张情况可入住大学城，相关费用学生自理。
- 免除法国高等教育署预签证程序费（不含语言考试费）。
- 升入高年级或从语言学习进入专业学习阶段，奖学金可延长。

申请条件

- 自高中开始学习成绩优秀。
- 至少持有本科文凭或相当于本科的文凭（或者申请奖学金当年即将获得文凭）。
- 具有中国国籍，申请奖学金时在中国居住。
- 未获得法国或中国授予的其他奖学金。
- 在法国高等教育学院中就读硕士学位课程。
- 就读以下学科：

自然科学/工程学
经济学/社会学
城市规划/可持续发展/环境
新闻/信息与传播学

留学生在等待奖学金批准的过程中，应多与学校办公室、资助办公室等部门保持联系，获得奖学金后可将其作为资金证明的一部分提交。

申请材料

- 按要求用法语或英语填写的奖学金申请表。
- 用法语或英语撰写的个人简历和动机信。
- 文凭和（或）成绩单复印件。
- 留学计划介绍。

●推荐信（可选）。

●法国高校硕士第一年预注册证明（或通过法国高等教育署程序正在注册中）。

对申请者的素质要求

●有抱负、有魄力。

●有潜在的领导才能。

●思维活跃、具有创新和创造才能。

●能快速适应不断变化的环境。

如何申请

想要申请该项奖学金的法国留学生，可登录法国高等教育署官网查询截止日期、寄送地址等信息。

法国高等教育署官方网站

法国埃菲尔奖学金

埃菲尔奖学金是由法国外交部于1999年设立的，其中的"埃菲尔优秀奖学金"只颁发给赴法留学的硕士/博士课程攻读者，只有其中最优秀的学生才能获得该项奖学金。该项目旨在鼓励被法国高等教育院校录取的优秀国际学生来法就读，并进一步提升法国教育国际化的程度。

资助对象

主要面向在法国高等教育机构进行第二、第三阶段课程学习或研究的非法国公民。

资助内容

- 每月直接向学生发放1181欧元的资助(约合人民币9704元)。
- 发放往返差旅费。
- 为学生缴纳健康保险。
- 可担负学生的额外法语语言培训课程和文化活动等开支。
- 学生有机会获得额外的住宿津贴。

在法国申请硕士奖学金，最好有相关专业的工作经验，这样更有利于申请奖学金。

申请条件

- 自高中开始学习成绩优秀。
- 至少持有硕士文凭或相当于硕士的文凭（或者申请奖学金当年即将获得文凭)。
- 非法国公民。
- 未获得法国或他国授予的其他奖学金。
- 在法国高等教育学院中就读第二、第三阶段学位课程。

- 该奖学金只能通过法国的高等教育院校来进行申请，因此学生本人或者法国以外的任何机构都无法提交申请。
- 就读以下学科：

工程学
经济学/管理学
法律/政治

申请材料

由于埃菲尔奖学金是由学校替学生申请，因此申请学生应向校方咨询须上交材料，并备齐。一般来说，申请材料内容包括：

- 按要求用法语或英语填写的奖学金申请表。
- 用法语或英语撰写的个人简历和动机信。
- 文凭和(或)成绩单复印件。
- 留学计划介绍。
- 推荐信(可选)。
- 法国高等院校博士生注册证明。

对申请者的素质要求

一般来说，工科如社会科学、工程、建筑等专业较易于获得奖学金；而商科、金融类专业则难以获得奖学金，除非留学生足够优秀，有特殊贡献。

- 有抱负、有魄力。
- 有潜在的领导才能。
- 思维活跃、具有创新和创造才能。
- 能快速适应不断变化的环境。

如何申请

申请者就读于法国高等院校后，可向校方提出申请，由校方上报。

科研机构/研究所的博士后奖学金

该类奖学金主要由法国的大型科研机构和研究所提供给看中并决定资助的学生。奖学金发放部门以研究名义，邀请优秀人才到实验室工作、实践，并同时为其提供一定的资助。法国的各大科研机构和实验室，都以此作为吸引人才的砝码。

资助内容

由于各实验室、科研机构的情况不同，因此资助金额和资助方式也各有差别。

- 一般少有大额度的款项发放。
- 部分科研机构会为获得者添设保险。
- 部分科研机构会负担获得者的科研、实验费用。
- 部分科研机构会负担获得者的差旅费用。
- 部分科研机构会为获得者提供培训机会，并负担费用。

申请条件

由于各实验室、科研机构的情况不同，因此各实验室的奖学金申请条件也不同。大致为：

- 学业优异。
- 在法国攻读博士文凭课程或取得博士文凭者。
- 志在或已经在发放奖学金的实验室工作。
- 未获得其他实验室、科研机构的奖学金。
- 有独创性的科研项目。
- 在研究课题中占50%以上的比重。

申请材料

由于各实验室、科研机构的情况不同，因此各实验室的奖学金所需申请材料不尽相同。大致为：

- 法国高等院校的博士注册证明/博士文凭。
- 具有独创性的实验课题。
- 用法语/英语填写的奖学金申请表。
- 说明自己的实验计划、目的。
- 文凭和成绩复印件。

法国大学衡量学生的优秀与否主要看：
1，法语水平；
2，学术成绩；
3，自身的才能和领导能力。

对申请者的素质要求

- 有抱负、有魄力。
- 有潜在的领导才能。
- 思维活跃、具有创新和创造才能。
- 能快速适应不断变化的环境。
- 有独创性的科研项目。

如何申请

想要申请该项奖学金的法国留学生，先确定自己要申请的项目和实验室，然后登录实验室官方网站，查询申请信息。如：

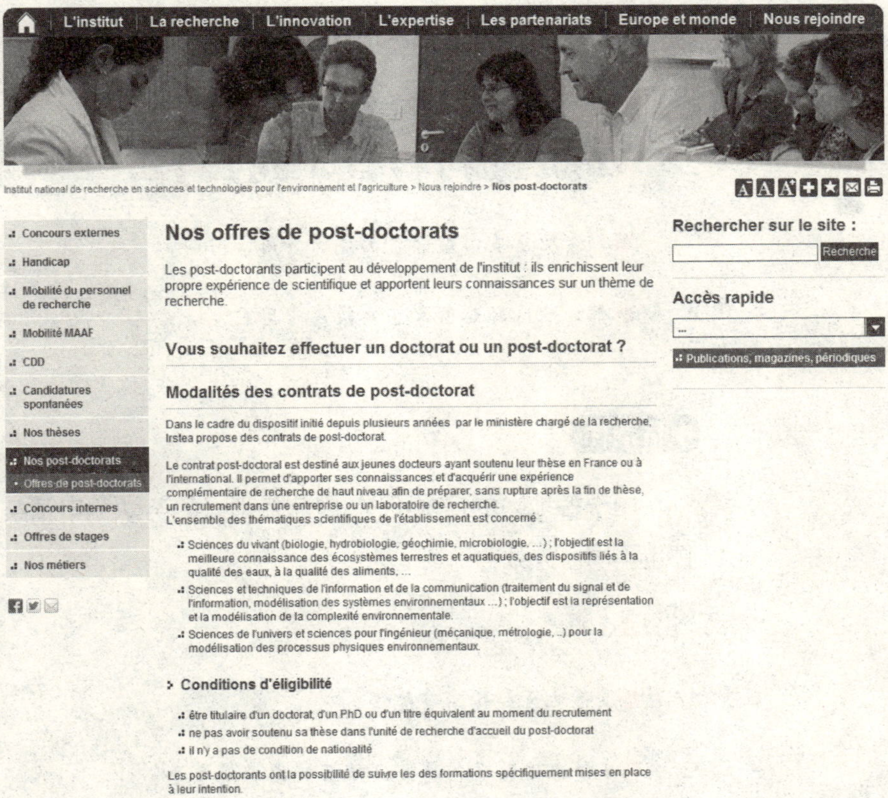

L'institut | La recherche | L'innovation | L'expertise | Les partenariats | Europe et monde | Nous rejoindre

Institut national de recherche en sciences et technologies pour l'environnement et l'agriculture > Nous rejoindre > **Nos post-doctorats**

- Concours externes
- Handicap
- Mobilité du personnel de recherche
- Mobilité MAAF
- CDD
- Candidatures spontanées
- Nos thèses
- Nos post-doctorats
  - Offres de post-doctorats
- Concours internes
- Offres de stages
- Nos métiers

Nos offres de post-doctorats

Les post-doctorants participent au développement de l'institut : ils enrichissent leur propre expérience de scientifique et apportent leurs connaissances sur un thème de recherche.

Vous souhaitez effectuer un doctorat ou un post-doctorat ?

Modalités des contrats de post-doctorat

Dans le cadre du dispositif initié depuis plusieurs années par le ministère chargé de la recherche, Irstea propose des contrats de post-doctorat.

Le contrat post-doctoral est destiné aux jeunes docteurs ayant soutenu leur thèse en France ou à l'international. Il permet d'apporter ses connaissances et d'acquérir une expérience complémentaire de recherche de haut niveau afin de préparer, sans rupture après la fin de thèse, un recrutement dans une entreprise ou un laboratoire de recherche.
L'ensemble des thématiques scientifiques de l'établissement est concerné :

- Sciences du vivant (biologie, hydrobiologie, géochimie, microbiologie, ...) ; l'objectif est la meilleure connaissance des écosystèmes terrestres et aquatiques, des dispositifs liés à la qualité des eaux, à la qualité des aliments, ...
- Sciences et techniques de l'information et de la communication (traitement du signal et de l'information, modélisation des systèmes environnementaux ...) ; l'objectif est la représentation et la modélisation de la complexité environnementale.
- Sciences de l'univers et sciences pour l'ingénieur (mécanique, métrologie, ..) pour la modélisation des processus physiques environnementaux.

> Conditions d'éligibilité

- être titulaire d'un doctorat, d'un PhD ou d'un titre équivalent au moment du recrutement
- ne pas avoir soutenu sa thèse dans l'unité de recherche d'accueil du post-doctorat
- il n'y a pas de condition de nationalité

Les post-doctorants ont la possibilité de suivre les des formations spécifiquement mises en place à leur intention.

Rechercher sur le site :

Recherche

Accès rapide

...

Publications, magazines, périodiques

地区奖学金

法国部分大区和城市，为了鼓励优秀留学生至自己片区内的院校就读，设立了该项奖学金。由于各地区的资金情况、教育背景不同，因此奖学金的金额、申请情况等也各有不同。

资助内容

由于各地区的情况不同，因此资助金额和资助方式也各有差别。

- 部分地区直接按月/年向留学生发放现金，金额从一百欧元到几百欧元不等。
- 部分地区支付留学生在该地留学的所有生活费用。
- 部分地区支付留学生家属的陪读费用。
- 部分地区支付留学生的科研、课题实验费用。
- 部分地区支付留学生的交通费用。
- 部分地区补贴留学生的住房费用。

申请条件

由于各地区的情况不同，因此各地区的奖学金申请条件也不同。大致为：

- 学业优异。
- 在该地区就读高等院校。
- 申请者不得已获得其他地区的同类奖学金。

申请材料

由于各地区的情况不同，因此各地区的奖学金所需申请材料不尽相同。大致为：

- 按要求用法语或英语填写的奖学金申请表。
- 用法语或英语撰写的个人简历和动机信。
- 文凭和(或)成绩单复印件。
- 留学计划介绍。
- 推荐信(可选)。
- 申请地区高等院校的注册证明。

对申请者的素质要求

- 有抱负、有魄力。
- 有潜在的领导才能。
- 思维活跃、具有创新和创造才能。
- 能快速适应不断变化的环境。

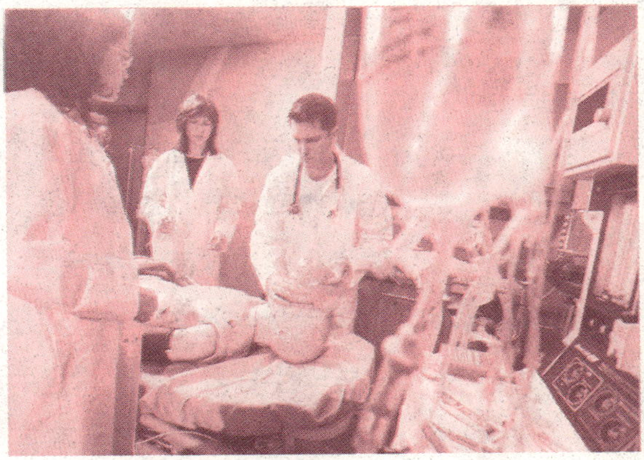

如何申请

想要申请该项奖学金的法国留学生，先确定自己就读院校所在地区是否设有该项奖学金。若设有，则登录该地区教育官方网站，查询相关信息。

以巴黎城市国际奖学金为例：

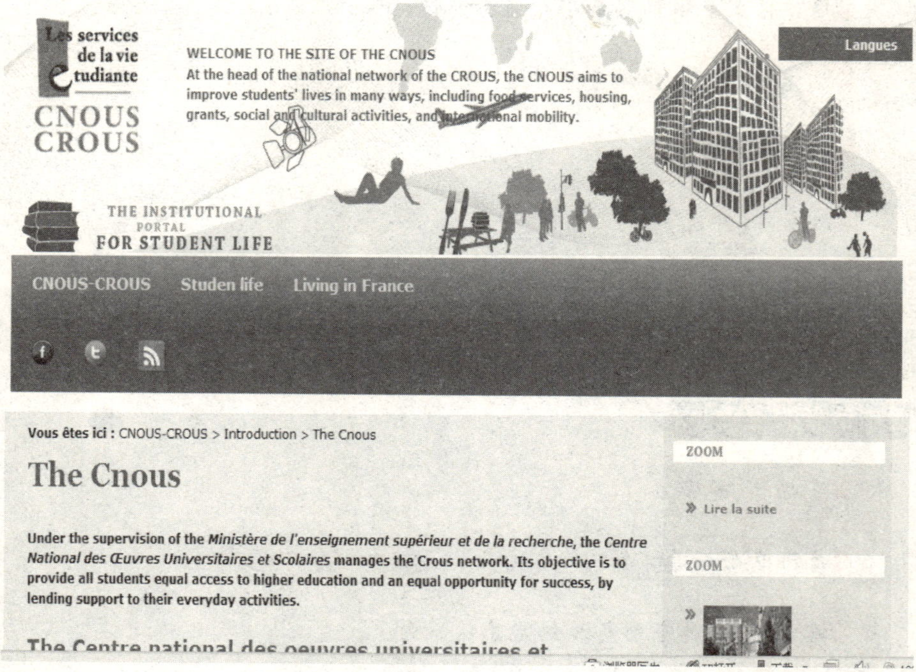

大学奖学金

法国的公立大学虽然不收学费，但私立大学，尤其是商业类学校都收取学费。为了不造成学生的负担，鼓励优秀学生入校就读，法国大部分大学都设有本校奖学金。据法国大学生服务中心（CROUS）统计的数据来看，法国高等院校学生获得校内奖学金的比例远远高于其他国家，部分院校学生的奖学金获取率甚至能高达10%以上。有些学校还会提供一部分助学金，帮助家境困难的学生得以完成学业。由于法国各院校情况不一，因此奖学金的发放状况也不尽相同，下面仅做笼统介绍，详细资料应到申请大学的官方网站上查询、获取。

私立大学奖学金

法国的私立大学由于收取学费，并能获得社会资助，在资金上往往比较充裕，能负担学生高额的奖学金费用。为了鼓励优秀学生，私立大学更放宽了奖学金获取者的范围，并将奖学金的额度分级，根据学生的课业成绩发放，并特设贡献奖学金、功绩奖学金等项目，奖励那些有突出贡献的学生。

资助内容

由于各大学的情况不同，因此资助金额和资助方式也各有差别。

- 部分大学直接按学生的成绩分级奖励，并一次性发放。
- 部分大学负担学生的生活费用，定期/不定期发放。
- 部分大学负担学生的住宿费用，并可为学生安排宿舍。
- 部分大学负担学生的科研、实验设备的采买费用。
- 部分大学为学生添设健康保险。
- 部分大学奖励有突出成就的学生，一次性发放奖励金。

申请材料

由于各地区的情况不同，因此各地区的奖学金所需申请材料不尽相同。大致为：

- 按要求用法语或英语填写的奖学金申请表。
- 用法语或英语撰写的个人简历和动机信。
- 文凭和(或)成绩单复印件。
- 留学计划介绍。
- 推荐信(可选)。
- 申请院校的注册证明。

对申请者的素质要求

- 有抱负、有魄力。
- 有潜在的领导才能。
- 思维活跃、具有创新和创造才能。
- 能快速适应不断变化的环境。

如何申请

想要申请该项奖学金的法国留学生，先确定自己就读院校是否设有奖学金。若有，则登录院校官方网站，查询相关信息。

以巴黎一大为例：

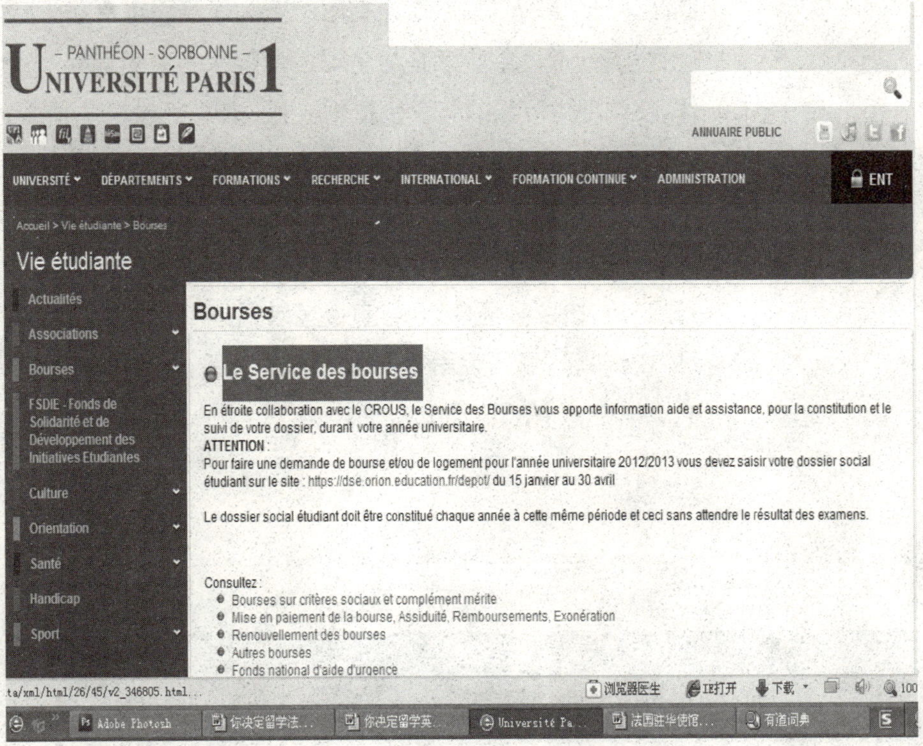

企业奖学金

法国是商业高度发展的发达国家，其外向型企业众多。为了吸引优秀人才，部分法国企业开设了奖学金，奖励在学习阶段课业成绩优秀、有突出贡献的学生。这些奖学金项目五花八门，金额也大小不等，其中最为中国留学生所熟知的，就是道达尔奖学金。

道达尔奖学金

道达尔公司(TOTAL)是全球四大石油化工公司之一,在超过120个国家开展业务,员工总数达12万多人,营业额高达千亿欧元,其总部设在巴黎。为了吸引世界各地的优秀学子,道达尔奖学金与全球各个国家的大学均展开合作,每年提供巨额的奖学金费用。由于其总部设在法国,因此也与法国众多高等院校展开合作。该奖学金涉及的学科范围十分广泛,包括:工程学、经济学、管理、国际关系、政治科学和通信等。每年共有80个名额,竞争激烈。留学生若想申请该项奖学金,则可直接登录道达尔公司的官方网站,查询其与哪所大学有奖学金合作关系,若留学生就读的学校在其中,则可通过校方申请。

道达尔公司官方网站

入学准备

寄出所有申请资料后，2~3个月就会收到申请学校的回馈。部分学校除寄来录取通知书，还会附有入学所需的各种资料。有些学校则会要求被录取学生先交纳相关费用后，再寄发正式的入学通知书。收到入学通知书后，就要开始做入学准备了，如准备资金、申请签证、申请宿舍等等。

收到录取通知书

申请者在申请理想大学的同时，有时是多方面撒网的，同时向几所大学发出申请书，因此也就可能同时收到多份录取通知书，因各大院校的录取时间有先后，有时申请者甚至会提前收到理想学院之外的录取通知书。这时就要考虑做出决定，是否继续等待理想学院的通知书。切忌好高骛远，一意孤行，以免最后一场空。

申请者可将申请材料、成绩单等寄出后，学校会综合评估其材料和成绩，确定其是否具有入学资格。如果一切顺利，申请者一般会在4~6个月后收到录取通知书。法国大学的录取通知书通常分为正式录取通知书和预录取通知书（有条件录取通知书）。

申请大学时，毕业生可寻找一个实习单位，进行一段时间的实习。

正式录取通知书

正式录取通知书即 Unconditional Offer，申请者在备全所有资料并寄出后，经过学院招生办公室的评估后，认为该申请者材料齐全，成绩相当，完全符合录取资格，就会寄出正式录取通知书。当申请者收到这份正式录取通知书后，如果确定这就是自己所等待的那份，那么要做的就只是接受这份录取通知书。正式录取通知书上会注明学生的“入学步骤”，并按校规要求列出了各项规定，申请学生应逐项完成。法国的私立大学通常会要求申请者先缴纳学费（一般为第一年的学费）；公立大学不收学费，但无论是公立大学还是私立大学，都须缴纳注册费用。当学生办齐这些手续后，便可以办理学生签证。

正式录取通知书

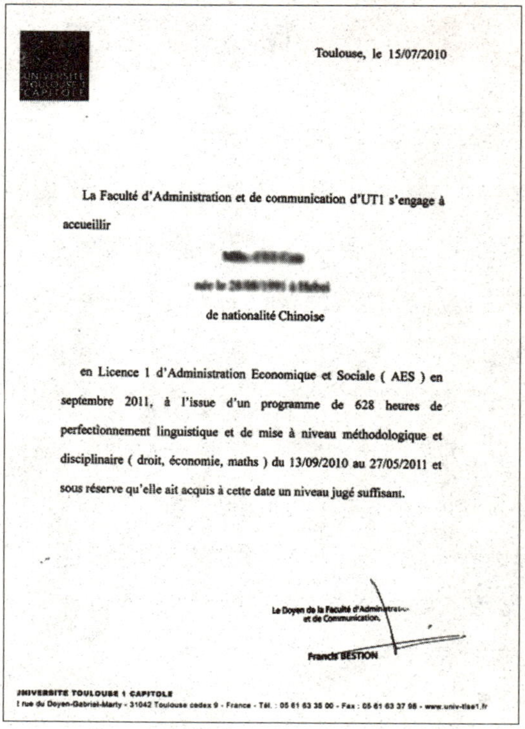

UNIVERSITE TOULOUSE 1 CAPITOLE

Toulouse, le 15/07/2010

La Faculté d'Administration et de communication d'UT1 s'engage à accueillir

[redacted]

de nationalité Chinoise

en Licence 1 d'Administration Economique et Sociale (AES) en septembre 2011, à l'issue d'un programme de 628 heures de perfectionnement linguistique et de mise à niveau méthodologique et disciplinaire (droit, économie, maths) du 13/09/2010 au 27/05/2011 et sous réserve qu'elle ait acquis à cette date un niveau jugé suffisant.

Le Doyen de la Faculté d'Administration
et de Communication,

Francis BESTION

UNIVERSITE TOULOUSE 1 CAPITOLE
1 rue du Doyen-Gabriel-Marty - 31042 Toulouse cedex 9 - France - Tél. : 05 61 63 35 00 - Fax : 05 61 63 37 98 - www.univ-tlse1.fr

预录取通知书

有条件录取通知书针对即将毕业但最后尚未拿到录取通知书的学生。这类学生一般可以提前向心仪的大学提出申请。在其资料和成绩符合所申请大学的录取要求时，院校签发的一种附有条件的录取通知书。该通知书在具备承诺意义，说明该院校具备录取申请学生的可能性，但需要申请学生进一步提交各种资格证明，如：高中毕业证书、成绩单、TCF/TEF 成绩证书等等，部分学校还会要求采取面试录取。

预录取通知书

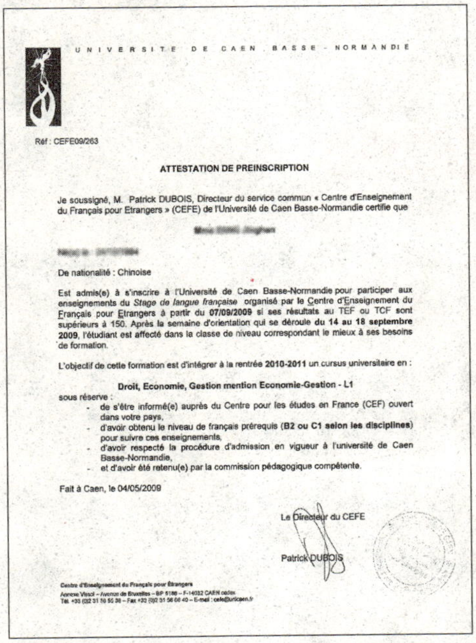

U N I V E R S I T E   D E   C A E N   B A S S E - N O R M A N D I E

Réf : CEFE09/263

ATTESTATION DE PREINSCRIPTION

Je soussigné, M. Patrick DUBOIS, Directeur du service commun « Centre d'Enseignement du Français pour Etrangers » (CEFE) de l'Université de Caen Basse-Normandie certifie que

[illegible]

[illegible]

De nationalité : Chinoise

Est admis(e) à s'inscrire à l'Université de Caen Basse-Normandie pour participer aux enseignements du *Stage de langue française* organisé par le Centre d'Enseignement du Français pour Etrangers à partir du **07/09/2009** si ses résultats au TEF ou TCF sont supérieurs à 150. Après la semaine d'orientation qui se déroule **du 14 au 18 septembre 2009**, l'étudiant est affecté dans la classe de niveau correspondant le mieux à ses besoins de formation.

L'objectif de cette formation est d'intégrer à la rentrée **2010-2011** un cursus universitaire en :

Droit, Economie, Gestion mention Economie-Gestion - L1

sous réserve :

- de s'être informé(e) auprès du Centre pour les études en France (CEF) ouvert dans votre pays,
- d'avoir obtenu le niveau de français prérequis (**B2 ou C1 selon les disciplines**) pour suivre ces enseignements,
- d'avoir respecté la procédure d'admission en vigueur à l'université de Caen Basse-Normandie,
- et d'avoir été retenu(e) par la commission pédagogique compétente.

Fait à Caen, le 04/05/2009

Le Directeur du CEFE

Patrick DUBOIS

Centre d'Enseignement du Français pour Étrangers
Annexe Vissol – Avenue de Bruxelles – BP 5186 – F-14032 CAEN cedex
Tél. +33 (0)2 31 56 55 38 – Fax +33 (0)2 31 56 06 40 – E-mail : cefe@unicaen.fr

当申请者因急事、生病、须提高英语水平等状况不能及时入学时，就要先了解录取学院是否允许延期入学。根据各校规定不同，允许迟到入学时间的在 1~4 周不等。要是超过了学校规定的迟到入学期限，则需要联系学校。如录取学院允许学生延期入学，则应向负责人说明理由，正式向学院提出申请，缴纳保证金后，则可以保留学籍。

申请语言学校

近年来，由于赴法留学人次的增多，导致留学生的法语水平不一，部分留学生虽然接到了录取通知书，但语言方面，尤其是口语和听力仍不过关，不能进行正常的学习生活，因此需要增强法语能力，少部分留学生会因语言不合格而被学校要求进行法语培训课程。这时就要考虑先办理延期入学，申请语言学校，通过进行突击课程来提高语言能力。熟练掌握法语交流能力，对在法国大学的就读也是很有帮助的。

填写校方提供的入学申请表时应注意：填写本人的法文名应为中文名的汉语拼音，以便与护照上的姓名一致；地址要用中、英文填写，法文地址的街名及地名要用汉语拼音。

就读语言学校的优点

- 全法语的学习环境使留学生能以最快的速度融入法国社会。
- 语言学校中多是各非法语国家的留学生，相互交流有助于口语和听力的提高。
- 语言学校的全法语授课，给留学生奠定了基础，使其能更好适应大学中的学习。

由于需求量大，法国的语言学校也鳞次栉比，层出不穷，但这些数以百计的语言中心水平不一，良莠不齐。有些私立语言培训学校的班级规模偏大、师资水平较低、学生实际应用法语的环境并不理想，甚至还出现了语言学校倒闭，学生求告无门的现象。

因此建议留学生如要申请在语言学校进修，最好直接申请法国大学或学院内特设的语言中心。这是因为：

- 这类语言中心附属于大学，较为正规。

- 这类语言中心一般就设在大学主校内或主校区附近，可以间接体验就读法国大学的生活及学习氛围，为今后继续深造奠定了基础。

要注意的是，很多法国大学的下属的语言学校为了招揽学员，会为留学生发放预录取通知书或是语言学校录取通知书，承诺若留学生得到 TCF/TEF 成绩证明则可直接升入本校内就读。但实际法国大学，尤其是公立大学招生时并不过分看重语言，主要还是看学生平时的课业成绩、论文等等“硬件”，很多学生花费了大价钱在法国读完语言学校，却无法升入高等院校就读，得不偿失。因此留学生应明确语言只是授课的手段，课业成绩才是申请的关键。

除了大学院校特设的语言中心外，也有些校外语言中心历史悠久，办学严谨，并与各大学进行合作，得到了法国官方的认可，并被直接纳入各大学承认的语言课程之列。留学生在没有达到语言要求的情况下，也可选择这类学校进行英语方面的进修。

建议赴法留学的学生在制订留学计划之时，就应该提前针对自己的法语程度做一个评估，然后根据所选专业的开课时间来安排是否申请入语言学校。法国的语言学校较易申请，一般只要申请并缴纳学费即可收到录取通知书。

选择语言学校时，可先询问是否能试听。因为教师的质量是学习的关键，留学生可在试听过程中衡量、比较，最后做出选择。

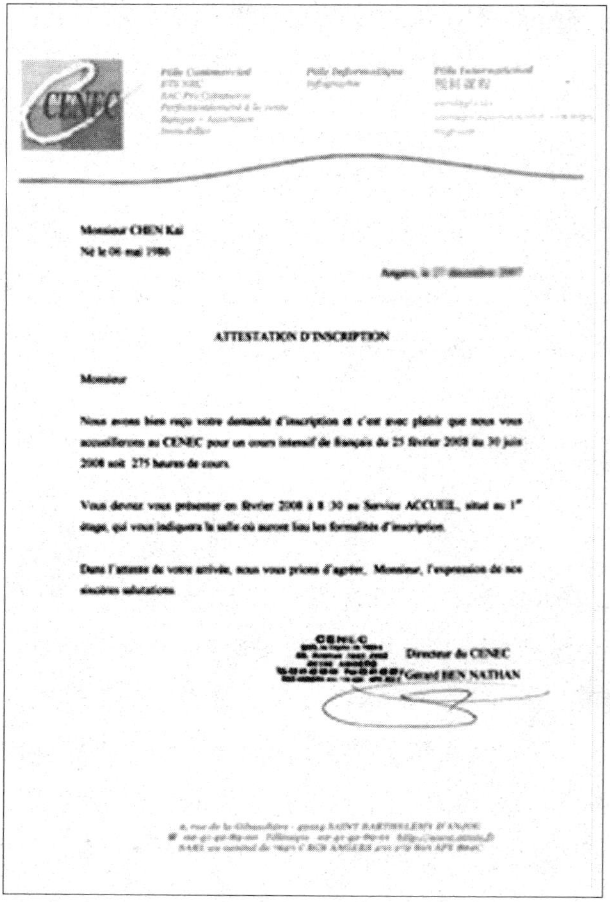

Monsieur CHEN Kai
Né le 06 mai 1986

ATTESTATION D'INSCRIPTION

Monsieur

Nous avons bien reçu votre demande d'inscription et c'est avec plaisir que nous vous accueillerons au CENEC pour un cours intensif de français du 25 février 2008 au 30 juin 2008 soit 275 heures de cours.

Vous devrez vous présenter en février 2008 à 8 30 au Service ACCUEIL, situé au 1er étage, qui vous indiquera la salle où auront lieu les formalités d'inscription.

Dans l'attente de votre arrivée, nous vous prions d'agréer, Monsieur, l'expression de nos sincères salutations.

Directeur du CENEC
Gerard BEN NATHAN

语言关是出国留学的关键所在，一方面若留学生未获得正式录取通知书，则需要3证（预录取通知书、语言录取通知书、住房证明）才能办理赴法学习签证。另一方面是不要排斥语言课，不要认为入学后就没必要进修语言，如果留学生语言不过关，校方会强制其进修，即使留学生取得了语言测试的高分，却还是会出现听不懂别人说什么的现象。因此，确定是否要先选择语言学校是迈向成功留学的第一步。

申请法国的语言学校一般是没有学历要求的，只需学生递交申请材料，交齐学费，办理签证后即可赴法就读。

进修语言的注意事项

- 申请签证前尽可能参加国内的法语培训或预科学习，争取在申请学校时即达到专业课程要求的法语水平。
- 尽量要求安排到法国各大学直接开办的语言培训中心学习法语。
- 在参加其他语言学校或预科学校培训的同时，积极准备TCF、TEF考试，以考试成绩作为衡量自身法语水平的客观标准。
- 参加语言学校或预科学校法语培训时，要注意记录自己的平时成绩，遇到校方强制留校续读时，要据理力争，维护自己的正当权益。

法国的语言学校一般任何时间都可申请，但留学生还应计划好自己的入学时间，提前一到两个月进行申请。

资金准备

留学生在顺利获取录取通知书后，就要为签证做准备，首先要做的就是准备好留学资金。法国政府规定：学生赴法自费留学须提供学习期间在法的学习、生活、消费等活动的一切费用的资金证明。这关系到申请者是否能顺利获得法国签证。

法国的大学主要分为三类，即公立大学、私立大学和专科学院。其中公立大学免收学费，留学生只须缴纳注册费用，该费用一般不到 1000 欧元。若就读私立大学，则每年的学费大约在 8000~10000 欧元左右，因不同院校和不同专业而有所波动。因此留学生在申请赴法留学签证时，应先考虑自己就读的是哪种院校。

另外，法国教育部规定，留学生享受与法国公民同等的就学福利，即留学生可享受各种学生补贴，因此生活费用相较其他欧美国家，更为便宜。法国移民局规定的经济担保标准是每月不得低于 480 欧元，即每年 5700 欧元（42000 人民币）。

（学习费用 ＋ 生活费用）× 就读年限 ＝ 留学法国费用

留学法国的资金来源主要有三种形式：个人存款、经济担保、留学贷款。

个人存款

留学生可提供个人或家庭的存款单证明自己可以支

付在法国的各种费用，证明有足够财力，使其不必打工也能完成学业。申请者须存入超过 60000 元人民币的存款（可以是多币种），存款须存入法国移民局认可的银行之内，申请者须至银行办理《存款证明申请书》，存款的存期需要截止到提供资料时。存款的存期最好为 3 个月或以上，例如申请者在 2013 年 5 月 30 日提交签证申请，那么这笔资金就应该至少在 2012 年 2 月 30 日前存入。如果存期时间过短，就很可能被拒签，那么补充额外的来源证明也不能起到任何的作用。

法国教育部门认可银行

中国银行
中国工商银行
中国农业银行
中国交通银行
中国建设银行
中国招商银行

国家外汇政策规定：留学生每人每年生活费的供汇指导性限额为等值 2 万美元或等量货币；不能提供生活费证明材料，需换汇在等值 2 万美元或等量货币以上的，应经外汇局核准后到外汇指定银行办理，即先批汇再换汇。

中国各大银行办理存款证明的方式

中国银行

开具方法：

可持本人有效身份证件、存单(折)到到任意联网网点办理。委托他人代办存款证明，受委托人须出示本人和存款人有效身份证件。

收费标准：

每张存款证明收取手续费人民币 20 元。

有限期限：

期限相对灵活，可由客户自行订期。开具存款证明后，银行将对该项存款做冻结处理，冻结时间与存款证明书的有效期相同。

存款种类：

只能是定期。

其他说明：

客户要求撤销三个月内不得支取的限制时，应交回存款证明原件后，银行方可为您撤销开证后三个月内不得支取的限制。

中国工商银行

开具方法：

凭本人身份证件和工行未被冻结挂失的存款凭证（包括定期储蓄存单(折)、活期储蓄存折、凭证式国债）。委托他人代办的，应同时出示代办人的身份证件。

中国海关允许携带的现金额度不能超过5000美元或等值其他外币。

收费标准：

开具个人存款证明书，每份收费50元；提前解除止付个人存款，每份收费20元。

有限期限：

期限相对灵活，可由客户自行订期。开具存款证明后，银行将对该项存款做冻结处理，冻结时间与存款证明书的有效期相同。

存款种类：

工商银行的存款种类较为灵活，可存活期、定期或整存整取、存本取息。

其他说明：

存款证明到期，个人存款自动解除支付。如要求提前解除支付，必须交回存款证明、存款证明委托书原件，同时出示原存款凭证，个人身份证件并填写个人存款提前解除支付委托书。

中国农业银行

开具方法：

凭本人有效身份证明、存单、存折、银行卡、国债凭证，到任何一家农行办理该业务的网点，填写“中国农业银行存款证明申请书”。如本人因故无法前来，也可授权他人代为办理此项业务。代理人除携带以上规定的文件外，还应持授权人的授权书和代理人本人的有效身份证明。

收费标准：

每张存款证明收取手续费人民币 20 元。

有限期限：

银行开具存款证明书的日期为客户办理此项业务的日期，申请开立存款证明书所涉及的存款的止付截止日期由申请人决定，并由申请人在申请书上注明，如填写的日期为当日，则截止日为开证当日。

第一次换汇必须由学生本人亲自办理，可以换汇的课程时长应不超过 1 年零 3 个月，超过此时限的，需分次换汇。

存款种类：

农业银行的存款种类较为灵活，可存活期、定期或整存整取、存本取息。

其他说明：

客户在存款证明书止付期未到前要提取存款，必须先将存款证明书所有正本交回银行，办理撤销存款证明书手续。

中国交通银行

开具方法：

须持交通银行存单折或太平洋卡以及存款者本人身份证明（代办人还须同时出具代理人身份证明）到开户所在地任一交通银行网点，填写"交通银行申请书"申请办理。代理人除携带以上规定的文件外，还应持授权人的授权书和代理人本人的有效身份证明。

收费标准：

每张存款证明收取手续费人民币20元。

有限期限：

可为客户开具任一时间、地点和时段的存款证明。在开具存款证明后，银行将账户冻结，客户可根据需要自行确定止付期限。

存款种类：

可存各种币种、也可存凭证式国债。可存活期、定期或整存整取、存本取息。

其他说明：

根据客户要求按同一姓名、账号、金额开出多份，不受份数限制。客户也可使用多个存款账户开具一份，最多可使用8个存款账户开具一份。

第二次换汇可由家人代为办理，需提供上一学期的交费收据或所在学校开出的书面证明信、学生所在学校开出的在读证明和下学期的入学通知书（包含费用项）及以上材料的翻译件。

中国建设银行

开具方法：

凭有效身份证明原件及其在建设银行的储蓄存款凭证(包括存单、折、卡)原件等有关资料申请。个人存款证明可由申请人以外的其他人(以下称代理人)代为办理和领取。代理人代为办理个人存款证明或领取存款证明书时，须出具申请人及代理人的有效身份证件原件。

收费标准：

按手续费科目核算，每张存款证明书缴纳 20 元手续费。存款未超过 10 万元，可当天拿到存款证明书；存款金额超过 10 万元，则在两个工作日后，持“个人存款证明申请书”第二联领取个人存款证明书。

有限期限：

在存款证明的存款起止日期内，与存款证明相对应的定期存款不得提前支取（您在存款证明的存款起止日期内退回存款证明原件除外）。

存款种类：

活、定期皆可。

中国招商银行

开具方法：

凭有效身份证明原件及其在招商银行的储蓄存款凭证等有关资料到银行申请。若须代办，则代理人须出具申请人及代理人的有效身份证件原件，填写“招商银行开具存款证明申请书”进行办理。

收费标准：

每张存款证明书须缴纳 20 元手续费。

有限期限：

在可由客户自订。

存款种类：

活、定期皆可，并可对招商银行认可的各种存款开具存款证明书。

经济担保人

如申请者自己资金不足，可由经济担保人出面，提供足够的资金，作为申请者的资金担保。经济担保人可提供经济担保书，说明其具有固定且充足的经济收入，并自愿承担留学生的一切留学费用，如学费、生活费、住宿费等等。经济担保书一般为法文版本，其正本提供给大使馆审核，如申请学校需要留学生出示，则只须寄送复印件即可。申请经济担保人，有几点需要注意：

- 经济担保人须通过书面证明来说明与留学生的关系。
- 经济担保人须提供自己的个人资料，如姓名、地址、电话、工作单位、单位业务、个人收入等材料。
- 经济担保人提供的个人材料必须能证明其有能力支付赴法资金的总额，如其提供的信息无法合理解释获得担保金的来源，则可能被拒签。
- 如校方有硬性规定，则应按校方要求，直接把留学生所需的学费、住宿费等以汇款的方式寄到学校，由学校发送回执。担保人持回执到律师事务所办理经济担保公证手续，公证书应当包括经济担保人与被担保人的关系。
- 经济担保人所提供的资金也必须为法国移民局认可的金融机构内存期达3个月以上的资金。
- 在签证面试时，签证官会电询经济担保人，核实其个人情况与书面材料提供的信息是否一致。

要注意的是经济担保不可做假，否则一旦被识破，可能终身拒签。

留学贷款

留学贷款是银行向留学生或其直系亲属发放的，用于支付在国外学习的学杂费和生活费的外汇消费贷款。留学贷款可以个人名义申请，也可以担保人的名义申请，其额度不能超过录取通知书或其他有效入学证明上标明的报名费、一年学费、生活费及其他必要费用的等值人民币的总和，最高不能超过 50 万人民币，最长年限不可超过 6 年（含 6 年）。

留学贷款的抵押形式

房产抵押

如用房产作为抵押物的话，银行会根据申请者提供的地房产资料及具体情况，依当前市价做出评估。如申请者提供的房产价格等于或大于贷款的金额的话，即可办理留学贷款。反之如房产价格小于贷款金额，则不可办理。如单栋房屋的价格小于贷款金额，可用 2 套或多套房产进行评估、贷款。

质押

指在办理贷款的时候用动产（如国债、存单等）进行抵押，银行同样会根据申请者提供的物品、存单情况进行核实，如确实符合贷款价值，则批准申请者的贷款要求。

信用担保

以第三方提供连带责任保证的，若保证人为银行认可的法人，可全额发放；若是银行认可的自然人，贷款最高额不超过 20 万元人民币。借款人到银行指定的分支机构领到申请审批表（一式 2 份），并按申请表要求如实填写，经签字盖章后交给银行。

个人申请贷款所需材料

- 申请者及配偶的身份证、结婚证、户口簿或有权机构出具的有效居留证件原件及复印件。
- 申请大学所出具的入学通知书、接受证明信、其他有效入学证明资料及缴纳相关费用证明，同时提供本人学历证明资料。
- 已办申请学校所在国入境签证手续的中华人民共和国护照。
- 提供具有完全民事行为能力的中国公民作为借款人的国内代理人，并提供其国内代理人的身份证，有关居住证明及通讯地址。
- 以财产抵押或质押的，应提供抵押物权属证明或质押物正本，单据和有权处分人（包括财产共有人同意抵押或质的证明，必要时应提供有权部门出具的抵（质）押物估价证明。

贷款的还付及利息
（以中信实业银行为例）

- 等额偿还，即在贷款期限内每期的还本付息总额为固定金额。
- 本金等额偿还，即每期偿还的本金金额相同，利息为按当期贷款余额计算的利息。

他人担保贷款所需材料

- 若担保人为法人，应出具保证人同意担保的书面文件（担保人为法人的分支机构的，应同时出具法人授权担保文件）。

- 担保人若为企业主，则需提供企业法人营业执照、经审计的上年度和近期财务报表及有关资信证明材料。

- 如担保人为自然人，应提供保证人的身份证、户口簿、收入或财产证明及其他资信证明。

申请贷款者若为出国留学人员的直系亲属或配偶的，所提供的材料除上述几项外，还要提供能证明申请贷款者与出国留学人员之间的有效证件原件和复印件。银行收到借款人上述申请材料后，在七个工作日内做出答复。

- 等比递增偿还，即每年的还本付息额在上一年的还本付息额的基础上增长一定的比例。
- 等比递减偿还，即每年的还本付息额在上一年的还本付息额的基础上减少一定的比例。

申请贷款注意要点

- 若申请贷款者为出国留学人员本人，签订贷款合同时应有其国内代理人在场并同时在借款合同上签章。

- 若以担保人担保方式贷款，作为担保人的法定代表人或经有效授权的代理人必须到场，并在保证合同上签字盖章。

- 若以自然人保证方式贷款的，保证人必须到场，并在保证合同上签字盖章。

●借款合同及担保合同必须办理具有强制执行效力的公证，申请贷款者与其国内代理人之间的《委托代理协议书》应与上述合同同时签署并公证。

●抵押物、质物的评估、保险、登记及公证等费用由申请贷款者承担。

合同签订后，留学贷款由银行直接划入借款人在本银行处开立的储蓄卡或活期储蓄账户。借款人应按贷款合同的约定于贷款到期前将应归还的贷款本息存入储蓄卡或活期储蓄账户。在贷款本息全部得到清偿后，银行将一切凭证归还抵押人或出质人，并办理有关抵(质)押登记注销手续。

护照办理

进入另一个国家学习，也就是融入到该国家的生活中去，必须持有证明其合法身份的证件。因而，当收到录入通知书后，首先就要准备护照。我国政府所签发的护照，除证明申请者是中华人民共和国的公民之外，同时表明其出国后可以重新回到中国。要申请护照，必须准备户口本、身份证、免冠证件照等材料。由于申办护照需要一定时间，因此及早准备为好，申办护照一般须到本人户口所在地的护照办理部门申请办理。

已经拥有护照的学生，则需要检查护照的有效期限。如果护照即将到期，就需要尽快申请更换。如在留学期间遇到护照即将到期的情况，则可以在提前一年时间申请更换新护照。由于在异地申请更换护照的手续较为麻烦，因此最好在国内办理。

申请护照的程序

- 申请人凭本人身份证或户口簿到县、市(区)公安局(分局)出入境管理部门领取《中国公民因私出国(境)申请审批表》。

- 向户口所在地县、市(区)公安出入境管理部门提交填写完整并贴有本人照片的《申请表》及两张免冠证件照片。

- 交验居民身份证、户口簿或其他户籍证明。

- 提交与出国事由相应的证明及单位或公安派出所(分局)对出国申请出具的意见。

- 回答公安机关的有关询问。

- 从受理之日起，公安机关将在15个工作日内完成审批签发。

办理签证

申请赴法国留学的学生获得了法国大学的录取确认书、确定了开学日期、缴纳了学费、办理了护照，并备齐了一系列材料之后，就可以办理留学签证。法国签证的办理手续与其他国家不同。法国移民局和教育部将签证的办理事宜委托他方办理，留学生既可以亲自赴法国驻中国使馆、办事处办理，也可以登录签证中心的官方网站办理。

签证办理流程

●**在法国教育服务中心（Campus France）注册 pastel 系统。**

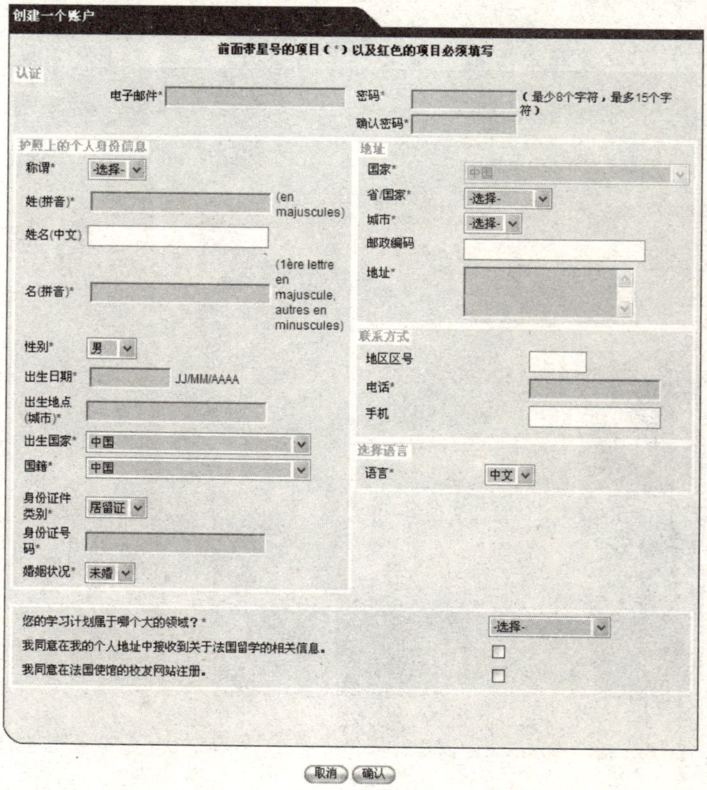
创建一个账户

前面带星号的项目（*）以及红色的项目必须填写

认证

电子邮件*　密码*　（最少8个字符，最多15个字符）

确认密码*

护照上的个人身份信息

称谓*　-选择-

姓(拼音)*　(en majuscules)

姓名(中文)

名(拼音)*　(1ère lettre en majuscule, autres en minuscules)

性别*　男

出生日期*　JJ/MM/AAAA

出生地点(城市)*

出生国家*　中国

国籍*　中国

身份证件类别*　居留证

身份证号码*

婚姻状况*　未婚

地址

国家*　中国

省/国家*　-选择-

城市*　-选择-

邮政编码

地址*

联系方式

地区区号

电话*

手机

选择语言

语言*　中文

您的学习计划属于哪个大的领域？*　-选择-

我同意在我的个人地址中接收到关于法国留学的相关信息。

我同意在法国使馆的校友网站注册。

取消　确认

- 完成注册后，即缴纳签证程序费用，约为1700元人民币。

- 准备面试材料。

- 当收到Pastel系统的短消息，告知已收到申请者寄出的CELA面试费用后，则可以把准备好的面试材料寄往法国教育服务中心，直至收到Pastel的个人材料签收通知。

- 经过材料审核过程后（约为1个月），申请者会收到面试通知，与法国教育服务中心预约面试时间，并在指定时间前往面试。

- 面试通过后，登录法国签证中心（中智法签）官方网站并在线注册。

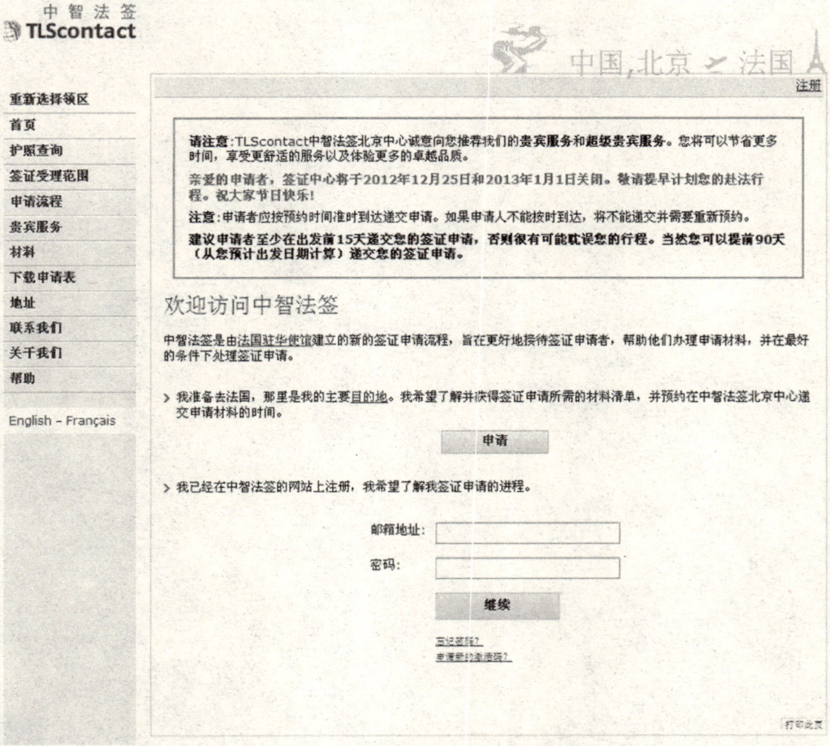

●准备长期签证申请材料。

●在线预约并打印预约通知单。

●到法国签证中心的各地办事处递交材料。工作人员核对资料无误后，会返还材料原件，并打印一份清单交给申请者。

●缴纳签证费及签证服务费。

●得到通知的申请者可带清单、身份证原件和复印件去签证中心领取签证、发票、护照。

要注意的是，在申请签证时，如果填写或提供虚假信息或误导性信息，申请将被拒绝。

面试材料清单

- 身份证。
- 护照。
- 法国大学的正式录取通知书/法国大学的专业预注册证明/法国院校的语言预注册证明/交流项目证明或合作协议书。
- 若申请者高中毕业，并申请赴法就读，应携带高考成绩证明及公证。
- 托申请者高中毕业或大学在读，并申请赴法就读，应携带中国大学的录取通知书及公证。
- 若申请者高中毕业大学在读，并申请赴法就读，应携带大学在读证明或中断学业证明。
- 若申请者高中毕业大学在读，并申请赴法就读，应携带大学各学期的成绩单及公证。
- 若申请者大学毕业，申请赴法就读，应携带大学毕业证书及公证。
- 若申请者拥有学位，申请赴法就读，应携带大学学位证书及公证。
- 法语水平证明，若申请院校用英语授课，则应提供相应的英语水平证明。
- 若申请者有工作经验，应携带工作证明。
- 申请者的出生公证。

收到签证之后，首先需要关注的就是签证的有效期，这意味着留学生有权在此之前以合法身份居留法国。

● 申请者的住房担保。

● 申请者的经济担保(如银行存款证明、父母收入证明等)。

法国签证中心材料清单

● 两张冲洗近照。尺寸为 3.5cm×4.5cm 的白底彩色近照(6 个月内)。

● 长期签证表原件(该申请表可以在法国签证中心下载)。

Liberté · Égalité · Fraternité
RÉPUBLIQUE FRANÇAISE

法兰西共和国 / RÉPUBLIQUE FRANÇAISE

长期居留签证申请表 DEMANDE DE VISA POUR UN LONG SEJOUR

此表免费 Ce formulaire est gratuit

身份照 / PHOTOGRAPHIE D'IDENTITÉ

CACHET DU POSTE

EMPLACEMENT DU TALON

1. 姓 / Nom(s)

2. 原姓 / Nom(s) de famille antérieur(s)

3. 名 / Prénom(s)

4. 出生日期 (年-月-日) / Date de naissance

5. 出生地 / Lieu de naissance

7. 现国籍 / Nationalité actuelle

6. 出生国家 / Pays de naissance

原国籍(出生时的国籍) / Nationalité à la naissar

8. 性别 / Sexe
☐ 男 / Masculin ☐ 女 / Féminin

9. 婚姻状况 / Etat civil
☐身 / Célibatair ☐婚 / Marié(e) ☐居 / Séparé(☐异 / Divorcé(e) ☐偶 / Veuf(ve)
☐ 其他(请注明) / Autre (veuillez préciser)

10. 未成年人请填写姓名、地址（若不同于申请人）和父母/法定监护人的国籍 / Pour les mineurs : Nom, prénom, adresse (si différente de

11. 本国身份证号码（若适用） / Numéro national d'identité, le cas échéant :

12. 旅行证件类型 / Type du document de vo
☐ 外交护照 / Passeport diplomatique ☐ 公务护照 / Passeport de service
☐ 官方护照 / Passeport officiel ☐ 特别护照 / Passeport spécial
☐ 普通护照 / Passeport ordinaire ☐ 其他旅行证件（请注明） / Autre document de voyage (à préciser) :

13. 旅行证件编号 / Numéro du document de

14. 签发日期（年-月-日） / Date

15. 失效日期（年-月-日） / Da

16. 签发机构 / Délivré par

17. 家庭住址（国家、邮编、城市、街、号） / Adresse du domicile (n°, rue, ville, code postal, pays)

18. 电子邮件地址 / Adresse électronique

19. 电话号码 / Numéro(s) de téléphone

20. 若居住在现国籍国以外的国家，请填写 / En cas de résidence dans un pays autre que celui de la nationalité actuelle, veuillez indiquer :
居留证件号码 / Numéro du titre de séjour 签发日期 / Date de délivrance 失效日期 / Date d'expiration

21. 当前职业 / Activité professionnelle actuelle

22. 工作单位(名称、地址、电子邮件地址、电话号码) - 学生请填写学校名称和地址 / Employeur (Nom, adresse, courriel, n° téléphone) - Pour les étudiants, nom et adresse de l'établissement d'enseignement

23. 我申请签证的目的：Je sollicite un visa pour le motif suivant :
☐ 工作 / Activité professionnelle ☐ 学习 / Etude ☐ 实习 / 培训 / Stage/formatio ☐ 结婚 / Mariag ☐ 医疗 / Raison médicale
☐ 家庭定居 / Etablissement familial ☐ 个人定居 /访问者 / Etablissement privé/Visite ☐ 返程签证 / Visa de retour
☐ 就任官职 / Prise de fonctions officiel ☐ 其他(请注明) / Autre (à préciser) :

24. 在法国的工作单位/接待单位/邀请方家庭成员的名称（姓名）、地址、电子邮件地址和电话号码 / Nom, adresse, courriel et n° télé

25. 您在法国居留期间的地址 / Quelle sera votre adresse en France pendant votre séjour ?

由行政机关填写 / Partie réservée à l'administration

Date d'introduction de la demande :

Numéro de la demande :

Agent(s) traitant la demande :

Remarques

DECISION DU POSTE

Date :

☐ ACCORD

☐ REFUS

签证申请被批准后，应在有效期内抵达法国。请注意，学生签证不能自动延期，如果申请者不能再有效期内抵达法国，则必须递交一份新的申请。

26. 计划抵达法国领土日期，或在申根国家中转日期（年-月-日）/ Date d'entrée prévue sur le territoire de la France, ou dans l'espace Schengen en cas de transit (jour-mois-

27. 计划在法国领土居留时间 / Durée prévue du séjour sur le territoire de la France

☐ 3到6个月 / Entre 3 et 6 mois ☐ 6个月到1年 / Entre 6 mois et ☐ 一年以上 / Supérieure à un an

28. 若您准备与家庭成员同行，请填写 / Si vous comptez effectuer ce séjour avec des membres de votre famille, veuillez indiquer :

亲属关系 / Lien de pare	姓名 / Nom(s), prénom(s)	（年-月-日）/ Date de naissan	国籍 / Nationalité

29. 您在法国的生活来源 / Quels seront vos moyens d'existence en France ?

您是否将有奖学金 / Serez-vous titulaire d'une bourse ? ☐ 是 / OUI ☐ 否 / NON

若是，请填写奖学金发放机构的名称、地址、电子邮件地址、电话，以及奖学金金额 / Si oui, indiquez le nom, l'adresse, le courriel, le téléphone de l'organisme et le m

30. 在法国是否有人（一人或数人）承担您的费用 / Serez-vous pris(e) en charge par une ou plusieurs per ☐ 是 / OUI ☐ 否 / NON

若是，请填写他们的姓名、国籍、身份、地址、电子邮件地址和电话号码 / Si oui, indiquer leur nom, nationalité, qualité, adresse, courriel et téléphone :

31. 您是否在法国有亲属 / Des membres de votre famille résident-ils en France ? ☐ 是 /OUI ☐ 否 / NON

若是，请填写他们的姓名、国籍、亲属关系、地址、电子邮件地址和电话号码 / Si oui, indiquer leur nom, nationalité, lien de parenté, adresse, courriel et téléphone :

32. 您是否曾在法国连续居住三个月以上 / Avez-vous déjà résidé plus de trois mois consécutifs en France ? ☐ 是 / OUI ☐ 否 / NON

若是，请填写时间和目的 / Si oui, précisez à quelle(s) date(s) et pour quel(s) motif(s)

地址 / A quelle(s) adresse(s) ?

关当局进行审理，以对我的签证申请作出相关决定。En connaissance de cause, j'accepte ce qui suit: aux fins de l'examen de ma demande de visa, il y a lieu de recueillir les données requises dans ce formulaire, de me photographier et, le cas échéant, de prendre mes empreintes digitales. Les données à caractère personnel me concernant qui figurent dans le présent formulaire de demande de visa, ainsi que mes empreintes digitales et ma photo, seront communiquées aux autorités françaises compétentes et traitées par elles, aux fins de la décision relative à ma demande de visa.
这些资料以及对本人签证申请作出的决定、或签证撤消或签证废除的所有决定的相关资料，将输入并保存在法国VISABIO生物数据资料库，为期最多五年。在此期间内，负责签证的机关、负责在边境检查签证的主管机关、法国移民和庇护主管机关可访问这些数据资料，以核查法国境内的合法入境和居留条件遵守情况、识别不符合或不再符合这些条件的人员、在某些情况下，这些资料也可以对经指定的法国当局和欧洲刑警组织开放，以预防与侦测恐怖犯罪和其他严重的刑事犯罪，进行相关的调查。法国当局对资料的处理拥有管辖权 [(...)] / Ces données ainsi que celles concernant la décision relative à ma demande de visa, ou toute décision d'annulation ou d'abrogation du visa, seront saisies et conservées dans la base française des données biométriques VISABIO pendant une période maximale de cinq ans, durant laquelle elles seront accessibles aux autorités chargées des visas, aux autorités compétentes chargées de contrôler les visas aux frontières, aux autorités nationales compétentes en matière d'immigration et d'asile aux fins de la vérification du respect des conditions d'entrée et de séjour réguliers sur le territoire de la France, aux fins de l'identification des personnes qui ne
理的情况下，我才可能有权要求予以删除。该访问与可能进行更正的权利在签证处长面前行使。如果我打算对与我相关的个人资料的保护状况提出质疑，可向全国信息技术和自由委员会（CNIL）提出。En application de la loi n°78-17 du 6 janvier 1978 relative à l'informatique et aux libertés je suis informé(e) de mon droit d'obtenir auprès de l'État français communication des informations me concernant qui sont enregistrées dans la base VISABIO et de mon droit de demander que ces données soient rectifiées si elles sont erronées, ou éventuellement effacées seulement si elles ont été traitées de façon illicite. Ce droit d'accès et de rectification éventuelle s'exerce auprès du chef de poste. La Commission nationale de l'Informatique et des Libertés (CNIL) peut éventuellement être
我已获悉，一切不完整的资料均会增加领事机关拒签的风险，而且在对我的申请进行审理期间，领事机关可保留我的护照。Je suis informé que tout dossier incomplet accroît le risque de refus de ma demande de visa par l'autorité consulaire et que celle-ci peut être amenée à conserver mon passeport pendant le délai de traitement de ma demande.
indications que j'ai fournies sont correctes et complètes. Je suis informé(e) que toute fausse déclaration entraînera le rejet de ma demande ou l'annulation du visa s'il a déjà été délivré, et sera susceptible d'entraîner des poursuites pénales à mon égard en application du droit français.
délivré, et si je n'ai pas obtenu le droit de séjourner en France au delà de cette durée.

申请地点和日期 / Lieu et date	签名 /（未成年人由其父母/法定监护人代签）/ (pour les mineurs, signature de l'autorité parentale/du tuteur légal)

如被拒签，也要保持风度，不要在签证中心或大使馆大吵大闹，而是要了解自己究竟哪项计分不足，是否可以补全。然后以更充分地准备继续申请签证。

●OFII申请表(该申请表可以在法国签证中心下载)。

REPUBLIQUE FRANCAISE
VISA DE LONG SEJOUR - DEMANDE D'ATTESTATION OFII
(Article R 311-3 du code de l'entrée et du séjour des étrangers et du droit d'asile)
à adresser à l'Office français de l'immigration et de l'intégration *(voir adresses au verso)* dès l'arrivée en France

RUBRIQUES A REMPLIR LORS DE LA DEMANDE DE VISA

NOM DE NAISSANCE : ………………………… NOM D'EPOUSE : …………………………

PRENOM : ………………………… SEXE : MASCULIN !__! ; FEMININ !__! ;

NE(E) : LE : !__!!__!/!__!__!/!__!__!__!__! A : …………………………

PAYS : …………………………

NATIONALITE : …………………………

SITUATION FAMILIALE : CELIBATAIRE !__! ; MARIE !__! ; VEUF !__! ; DIVORCE !__! ; SEPARE !__! ;

FILIATION : PERE NOM : ………………………… PRENOM : …………………………

MERE NOM DE NAISSANCE : ………………………… PRENOM : …………………………

PASSEPORT : NUMERO : ………………………… DELIVRE LE : !__!__!/!__!__!/!__!__!__!__!

A : …………………………

CADRE RESERVE AU CONSULAT	**Cachet :**	**Motif de l'entrée :** Conjoint de Français !__! | Etudiant !__! | Visiteur !__! Conjoint de ressortissant étranger !__! | Scientifique-Chercheur !__! Salarié !__! | Travailleur Temporaire !__! | Stagiaire !__! Jeune Professionnel-accord bilatéral !__!

RUBRIQUES A COMPLETER DES L'ENTREE EN FRANCE ET AVANT L'ENVOI A L'OFII
joindre à votre envoi copie des pages de votre passeport relatives à votre état civil, votre visa et au passage de la frontière (cachet du poste frontière)

ADRESSE EN FRANCE :

CHEZ : …………………………

BATIMENT : ………………………… NUMERO : …………………………

RUE : …………………………

CODE POSTAL : !__!__!__!__!__! VILLE : …………………………

TELEPHONE : Fixe : !__!__!__!__!__!__!__!__!__!__! Portable : !__!__!__!__!__!__!__!__!__!__!

ADRESSE MESSAGERIE : ………………… @ …………………

LANGUE(S) rubrique à compléter par les conjoints de Français, les conjoints de ressortissant étranger et les titulaires d'un visa mention « salarié ».

Comprise (s) à l'oral …………………………
Parlée(s) …………………………

VISA :

NUMERO !__!__!__!__!__!__!__!__!__! VALABLE DU : !__!__!/!__!__!/!__!__!__!__! AU : !__!__!/!__!__!/!__!__!__!__!

DATE D'ENTREE EN FRANCE : !__!__!/!__!__!/!__!__!__!__!

Fait à *le* Signature

CADRE RESERVE A L'OFII	***RE/DT***	NUMERO DOSSIER OFI I: !__!__!__!__!__!__!__!__!__!__!__!__!__! REÇU LE !__!__!/!__!__!/!__!__!__!__!

La loi 78-17 du 6 janvier 1978 relative à l'informatique, aux fichiers et aux libertés, s'applique aux réponses faites à ce formulaire. Elle garantit un droit d'accès et de rectification, auprès du siège de l'OFII, pour les données vous concernant

OFII-DIM-VLS-TS 2012/08/01

NOTICE A L' ATTENTION DES TITULAIRES
D'UN VISA AUTORISANT A SEJOURNER EN FRANCE SANS CARTE DE SEJOUR

Les autorités françaises vous ont délivré un visa de long séjour qui vous autorise à séjourner en France aux conditions suivantes :

- Vous devez veiller à ce qu'un cachet portant la date de votre entrée en France soit apposé sur votre passeport par la police aux frontières.
- Si vous transitez par un autre Etat Schengen, ce cachet devra être apposé par les autorités compétentes de l'Etat de transit. Dans ce cas, vous serez présumé être entré sur le sol français au plus tard cinq jours après cette date.

1. Enregistrement de votre séjour en France : apposition de la vignette OFII dans votre passeport.

Votre visa de long séjour ne vaut titre de séjour que s'il a été validé par l'OFII.
Pour accomplir cette démarche, vous devez, dès votre arrivée en France:

- Compléter le formulaire intitulé « Demande d'attestation OFII » qui vous a été remis avec votre visa par les mentions de votre date d'arrivée en France, vos coordonnées en France et le numéro de visa qui vous a été délivré, afin que l'OFII puisse vous convoquer à une visite médicale et/ou à une visite d'accueil et/ou à la validation de votre VLS-TS.
- Adresser ce formulaire dès votre arrivée en France à la direction territoriale de l'Office français de l'immigration et de l'intégration (OFII) de votre lieu de résidence en France*.
- Joindre à votre envoi la copie des pages de votre passeport où figurent les informations relatives à votre identité, le cachet apposé par la police aux frontières (ou par les autorités de l'Etat de transit) portant la date de votre passage de la frontière et le visa qui vous a été délivré.

Une attestation confirmant la réception de votre dossier (« Attestation de réception du formulaire de demande d'attestation OFII ») vous sera transmise par courrier, ce document provisoire attestera de la régularité de votre séjour en France jusqu'à ce que votre visa soit validé par l'OFII.
Vous serez convoqué par l'OFII dans les trois mois après votre entrée en France pour bénéficier de la visite médicale et/ou de la visite d'accueil et/ou faire valider votre VLS-TS. A cette occasion vous devrez vous munir:

- de votre passeport,
- d'une photo de face tête nue,
- d'une attestation de domicile en France (quittance de loyer, facture d'électricité, de gaz ou de téléphone fixe à votre nom, ou à défaut, une attestation d'hébergement accompagnée de la photocopie de la pièce d'identité de l'hébergeant),
- éventuellement, du certificat médical si vous avez passé la visite médicale avant votre départ pour la France. Pour plus d'informations, connectez-vous sur www.ofii.fr.
- du montant des taxes à acquitter à l'OFII (voir montant de la taxe à payer sur www.ofii.fr ou sur www.timbresofii.fr).

Ces formalités seront entérinées par l'apposition sur votre passeport d'une vignette OFII vous autorisant à résider en France jusqu'à la fin de validité du visa de long séjour qui vous a été octroyé.

NB: L'accomplissement de ces formalités demandant un certain délai (1 mois environ), vous devez impérativement effectuer ces démarches dès les premiers jours de votre arrivée en France.
Le non accomplissement de ces formalités dans le délai de trois mois vous exposerait à une procédure pour séjour irrégulier et au paiement d'une taxe de régularisation.

2. Renouvellement de votre autorisation de séjour

Si vous souhaitez obtenir un renouvellement de votre autorisation de séjour, deux mois avant la fin de validité de votre visa, vous devrez vous présenter à la préfecture de votre lieu de résidence afin d'y deposer cette demande. Le personnel d'accueil vous remettra les imprimés nécessaires et vous indiquera les pièces justificatives à fournir, qui pourront varier en fonction du motif de votre séjour.
Le non respect de ce délai vous obligera à rentrer dans votre pays d'origine afin de solliciter un nouveau visa.

*Si vous êtes étudiant, vous pouvez être dispensé de l'envoi du formulaire "Demande d'attestation OFII" lorsqu'un dispositif d'accueil spécifique est mis en place lors de la rentrée universitaire ou lorsque vous êtes inscrit dans une école partenaire de la préfecture et de l'OFII dans le cadre d'un dépôt groupé.
Pour plus d'information vous pouvez consulter le site www.ofii.fr

TRES IMPORTANT :
1) *Si vous souhaitez vous rendre à l'étranger dans un pays de la zone Schengen : votre visa de long séjour à entrées multiples vous suffit pour circuler dans l'Espace Schengen.*
2) *Si vous souhaitez vous rendre à l'étranger hors zone Schengen ou effectuer un séjour dans votre pays d'origine*
- Pendant les 3 premiers mois de votre arrivée en France *: circulation autorisée sans vignette OFII ou sans attestation de dépôt de dossier OFII avec visa de long séjour à entrées multiples.*
- Au-delà de 3 mois *: obtention obligatoire de la vignette OFII ou à défaut, de l'attestation de dépôt de dossier OFII pour circuler hors de France. Si vous n'avez pas effectué les formalités OFII dans le délai imparti (3mois) une nouvelle demande de visa de long séjour devra être déposée à la représentation diplomatique ou consulaire de votre pays d'origine.*

OFII – DIM – VLS-TS 2012/08/01

DES VOTRE ARRIVEE EN FRANCE, COMPLETEZ ET ADRESSEZ CE DOCUMENT PAR VOIE POSTALE A LA DIRECTION TERRITORIALE DE L'OFII COMPETENTE POUR VOTRE DEPARTEMENT DE RESIDENCE.

Vous serez convoqué à la visite médicale obligatoire et/ou à la visite d'accueil. Le jour de la visite médicale, vous aurez à acquitter la taxe relative à la primo-délivrance d'un titre de séjour (voir le site www.timbresofii.fr). Une fois les formalités accomplies, votre visa vous permettra de séjourner sur le territoire national pendant la durée de sa validité.

Pour plus d'informations connectez-vous sur www.ofii.fr

ATTENTION : VOUS DEVEZ ACCOMPLIR LES FORMALITES DANS LES 3 MOIS SUIVANT VOTRE ENTREE EN FRANCE

Département de résidence en France	Adresser le document par voie postale à	Département de résidence en France	Adresser le document par voie postale à
02– AISNE 60 – OISE 80 – SOMME	Direction territoriale de l' OFII 64 bis rue du Vivier 80 000 AMIENS	54 – MEURTHE ET MOSELLE 55 – MEUSE 57 - MOSELLE 88 - VOSGES	Direction territoriale de l' OFII 2, Rue Lafayette 57 000 METZ
25 –DOUBS 39 – JURA 70 – HAUTE SAONE 90 - TERRITOIRE DE BELFORT	Direction territoriale de l' OFII 3 avenue de la Gare d'Eau 25 000 BESANCON	11 – AUDE 30 – GARD 34 – HERAULT 48 – LOZERE 66 – PYRENEES ORIENTALES	Direction territoriale de l' OFII Le Régent 4, Rue Jules Ferry 34 000 MONTPELLIER
93 - SEINE-SAINT-DENIS	Direction territoriale de l' OFII 13 rue Marguerite Yourcenar 93 000 BOBIGNY	78 – YVELINES 92 - HAUTS DE SEINE	Direction territoriale de l' OFII 221, Avenue Pierre Brossolette 92 120 MONTROUGE
24 – DORDOGNE 33 – GIRONDE 40 – LANDES 47 – LOT ET GARONNE 64 – PYRENEES ATLANTIQUES	Direction territoriale de l' OFII 55, Rue Saint Sernin CS 90370 33 002 BORDEAUX Cedex	44 – LOIRE ATLANTIQUE 49 – MAINE ET LOIRE 53 – MAYENNE 72 – SARTHE 85 – VENDEE	Direction territoriale de l' OFII 9, Rue Bergère 44 000 NANTES
14 – CALVADOS 50 – MANCHE 61 – ORNE	Direction territoriale de l' OFII 5 impasse Dumont 14 000 CAEN	06 – ALPES MARITIMES	Direction territoriale de l' OFII Immeuble SPACE- Bât. B 208 Route de Grenoble 06 200 NICE
973 - GUYANE	Direction territoriale de l' OFII 17/19, Rue Lalouette BP 245 97 325 CAYENNE	18 – CHER 28 – EURE ET LOIR 36 – INDRE 37 – INDRE ET LOIRE 41 – LOIR ET CHER 45 – LOIRET	Direction territoriale de l' OFII 4 rue de Patay 45 000 ORLEANS
95 – VAL D' OISE	Direction territoriale de l' OFII Immeuble « Ordinal » Rue des Chauffours 95 002 CERGY PONTOISE Cedex	75 – PARIS	Direction territoriale de l' OFII 48, Rue de la Roquette 75 011 PARIS
03 – ALLIER 15 – CANTAL 43 – HAUTE LOIRE 63 – PUY DE DOME	Direction territoriale de l' OFII 1, Rue Assas 63 033 CLERMONT FERRAND	971 – GUADELOUPE 972 – MARTINIQUE	Direction territoriale de l' OFII Immeuble Plazza -Bvd. Chanzy 97110 POINTE A PITRE
91 – ESSONNE 94 - VAL DE MARNE	Direction territoriale de l' OFII 13.15 rue Claude Nicolas Ledoux 94 000 CRETEIL	16 – CHARENTE 17 – CHARENTE MARITIME 79 – DEUX SEVRES 86 – VIENNE	Direction territoriale de l' OFII 86, Avenue du 8 Mai 1945 86 000 POITIERS
21 – COTE D' OR 58 – NIEVRE 71 – SAONE ET LOIRE 89 - YONNE	Direction territoriale de l' OFII 14B, Rue du Chapeau Rouge 21 000 DIJON	08 – ARDENNES 10 – AUBE 51 – MARNE 52 – HAUTE MARNE	Direction territoriale de l' OFII 26/28 Rue Buirette 51 100 REIMS
38 – ISERE 73 – SAVOIE 74 – HAUTE SAVOIE	Direction territoriale de l' OFII Parc Alliance 76, Rue des Alliés 38 100 GRENOBLE	22 – COTES D' AMOR 29 – FINISTERE 35 – ILLE ET VILAINE 56 – MORBIHAN	Direction territoriale de l' OFII 8 rue Jean Julien Lemordant 35 000 RENNES
59 – NORD 62 – PAS DE CALAIS	Direction territoriale de l' OFII 2 rue de Tenremonde 59.000 LILLE	974 – REUNION	Direction territoriale de l' OFII Préfecture de la Réunion Place Barachois 97 405 SAINT DENIS Cedex
19 – CORREZE 23 – CREUSE 87 – HAUTE VIENNE	Direction territoriale de l' OFII 5 Avenue Garibaldi 87 000 LIMOGES	27 – EURE 76 – SEINE MARITIME	Direction territoriale de l' OFII Immeuble Montmorency 1 15, Place de la Verrerie 76 100 ROUEN
01 – AIN 07 – ARDECHE 26 – DROME 42 – LOIRE 69 – RHONE	Direction territoriale de l' OFII 7, Rue Quivogne 69 286 LYON Cedex 02	67 – BAS RHIN 68 – HAUT RHIN	Direction territoriale de l' OFII 4, Rue Gustave Doré 67 069 STRASBOURG Cedex
04 – ALPES DE HAUTE PROVENCE 05 – HAUTES ALPES 13 – BOUCHES DU RHONE 2A – CORSE DU SUD 2B – HAUTE CORSE 83 – VAR 84 - VAUCLUSE	Direction territoriale de l' OFII 61, Boulevard Rabatau 13 295 MARSEILLE Cedex 08	09 – ARIEGE 12 – AVEYRON 31 – HAUTE GARONNE 32 – GERS 46 – LOT 65 – HAUTES PYRENEES 81 – TARN 82 – TARN ET GARONNE	Direction territoriale de l' OFII 7, Rue Arthur Rimbaud CS 40310 31 203 TOULOUSE Cedex2
77 – SEINE ET MARNE	Direction territoriale de l'OFII 2 bis avenue Jean Jaurès 77 000 MELUN		

OFII – DIM –VLS-TS 2012/08/01

- 护照原件（护照的有效期须超过所申请签证的有效期15个月，并至少有两页供使用的签证空白页）。
- 护照复印页（须复印护照前5页中带内容的备注页，以及所有带签证或盖章的签证页）。
- 若申请者有旧护照，则应带上旧护照原件及旧护照复印件。
- 出生公证书原件。
- 出生公证书复印件。
- 若申请者为交流学生，须携带中国学校和法国学校交流协议原件和复印件。

每名学生的家庭情况都是不同的，填写签证表格及准备材料时，不应模仿别人的签证材料才递交。若盲目模仿，则被调查的风险也随机增高，甚至可能被拒签。

- 若申请者的父母是资金担保人，须携带有父母签字的同意承担子女在法期间所有费用的担保函原件及复印件、翻译件。
- 自己/父母/担保人的银行账单或存折原件。
- 自己/父母/担保人的银行账单或存折复印件。
- 父亲近6个月以来的银行记录（信用卡除外）原件。
- 父亲近6个月以来的银行记录（信用卡除外）复印件。
- 父亲近6个月以来的银行记录（信用卡除外）翻译件。
- 母亲近6个月以来的银行记录（信用卡除外）原件。
- 母亲近6个月以来的银行记录（信用卡除外）复印件。
- 母亲近6个月以来的银行记录（信用卡除外）翻译件。
- 法国学校注册证明复印件。
- 法国住宿证明复印件。

- 租房者须提供租房合同。
- 如果是免费住宿，申请者须提供房主出示的免费住宿证明、房主身份证或居留证复印件。
- 若申请者在大学宿舍入住，须提供C.R.O.U.S.出示的证明。
- 如果为其他情况，申请者须提供详细说明文件。

- 若申请签证时，留学生就读学校的开学日期已过，须提供法国学校的入学日期的延期证明复印件。
- 法国教育服务中心的面试证明原件。

面试注意事项

- 面试时间一般为5~10分钟，大部分申请者可当时得到面试结果。
- 不要紧张，申请者的主要目的是要说服签证官，并给他留下好印象。
- 申请文件需齐备。
- 要有明确的学习计划，并对留学信息有一定程度的了解。
- 尽可能地用法语与面试官交谈。
- 要表明自己赴法的动机，不要以他人的意愿作为赴法的动力。如：“因为父母的要求所以到法国留学”，这会让面试官觉得你缺乏主见。
- 表明为什么选择到法国留学，为什么选择所申请的专业，对就读该专业的自己有什么未来的规划。
- 态度要落落大方，不卑不亢。
- 穿衣得体，符合自己的身份，切忌浓妆艳抹，奇装异服。
- 不要用过于夸张的修辞和肢体语言。

出境手续办理地址

北京市公安局出入境管理处

地址

东城区安定门东大街 2 号

电话

010–8402010

人工咨询时间

星期一~星期六（法定节假日除外）

上午 9:00~中午 12:00；下午 13:00~下午 17:30

网址

www.bjgaj.gov.cn

上海市公安局出入境管理处

地址

浦东新区民生路 1500 号

电话

021–28951900

人工咨询时间

星期一~星期六（法定节假日除外）

上午 9:00~下午 17:30

网址

http://www.police.sh.cn/

法国驻华使馆

地址

北京市朝阳区天泽路 60 号

电话

010-85312000

传真

010-85312020

人工咨询时间

星期一~星期五（法定节假日除外）

8:30~12:00

官方网站

www.ambafrance-cn.org

法国驻上海总领事馆

地址

上海市广东路 689 号海通证券大厦 2 层

电话

021-61032200

传真

021-61032218

人工咨询时间

星期一~星期五（法定节假日除外）

9:00~12:30 14:00~18:00

电子邮件

info.shanghai-fslt@diplomatie.gouv.fr

法国驻广州总领事馆

地址

广州市环市东路339号广东国际大酒店主楼810室

电话

020-28292000

传真

020-28292001

人工咨询时间

星期一~星期四(法定节假日除外)

10:00~12:00,14:30~16:30

星期五(法定节假日除外)

10:00~12:00,14:30~16:00

电子邮件

visas@consulfrance-canton.org

法国驻武汉总领事馆

地址

湖北省武汉市建设大道568号 武汉国际贸易商业中心 1701~1708室

电话

027-65797900

传真

027-85778426

人工咨询时间

星期一~星期五(法定节假日除外)

10:00~11:30

电子邮件

info@consulfrance-wuhan.org

法国驻成都总领事馆

地址

成都市总府路 2 号时代广场 30 楼 3009、3010、3003A

电话

028-66666060

传真

028-66666103

人工咨询时间

星期一~星期五（法定节假日除外）

8:30~12:30

电子邮件

admin-etrangers.CHENGDU-FSLT@diplomatie.gouv.fr

法国驻沈阳总领事馆

地址

沈阳市和平区南十三纬路 34 号

电话

024-23190000

传真

024-23190000

人工咨询时间

星期一~星期五（法定节假日除外）

9:00~12:00

电子邮件

info.shenyang@campusfrancechine.org

购买机票

如果留学生已经拿到了护照、签证，并且确定了启程日期，则应该第一时间预订机票。法国有相当一部分大学的开学日期十分接近，往往同期内会有大量留学生飞往法国，因此提前预订机票是十分必要的。

一般情况下，机票是通过正规航空公司或旅行社预订的。但由于航空公司所发售的多为全价机票，价格高昂，而代理公司则往往可以拿到打折的机票，甚至有些能拿到半折的机票，因此现今大部分留学生开始通过代理公司预订机票。但要注意的是，一定要通过正规代理公司、网站进行预订。

买机票时须注意的事项

- 一旦确定自己的启程日期，即马上订票。
- 可直接询问法国航空公司和中国国际航空公司，请他们推荐代理公司。
- 可上网查询口碑较好的订票网站，不要只看折扣，贪小便宜吃大亏。
- 购买机票时，可以预订座位。
- 应提前3个小时以上到达机场，务必留意登机时间，不要只顾着和家人道别而误了飞机。
- 购买往返机票往往会获得更大的折扣。

- 提前了解机场的交通状况，了解你应乘坐什么交通工具离开机场，到达学校。
- 如晚上到达机场，不如先住一晚，以免人生地不熟，引起不必要的意外。

生活必备用品

在举目无亲，语言不通的异国他乡，尝试一个人生活并不是件简单的事。法国人的生活习惯与我们不同，那么在当地生活需要带什么东西呢，什么是国内买得到而法国却难以买到的呢。这些都应该提前了解，做好准备。

信用卡

持有信用卡，就可以不必携带那么多的现金。也可让家人申请主副卡，以备及时查询和汇款。

药品

法国购买药品是有限制的，许多药品需要医生开具处方才能购买。因此需要从国内带些常用药品备用。

笔记本电脑

这是法国的留学生活都必不可缺的，无论你是用来写论文、记笔记，还是与家人视频，你会发现笔记本电脑要比台式机方便。(网线、软盘、摄像头和移动硬盘等硬件及电脑中的软件要配齐。)

常用小电器

如变电器、相机、录音笔或复读机(可用于录下课堂上的讲演，以备温习)、电子词典等。

参考书

如法汉词典、法语语法，以及根据自己所学专业挑选相关参考书籍，这类中文参考书籍在法国不易买到，如果有需要最好从国内带去。

必备文件

护照、录取通知书及其复印件、接机人联系方式、机票等。

衣物

贴身内衣、拖鞋、床上用品、洗漱用品、日常换季衣服。

其他

如雨伞、简便厨具、电池、杯子、塑料盆等，依个人情况酌情携带。

需要带的
文件清单

- [ ]
- [ ]
- [ ]
- [ ]
- [ ]
- [ ]
- [ ]
- [ ]
- [ ]
- [ ]
- [ ]
- [ ]
- [ ]
- [ ]
- [ ]
- [ ]
- [ ]
- [ ]
- [ ]
- [ ]
- [ ]
- [ ]
- [ ]
- [ ]
- [ ]
- [ ]
- [ ]
- [ ]

请自行列出所需携带的文件，准备好后在“□”中打“√”

需要带的
常用电器清单

□	□
□	□
□	□
□	□
□	□
□	□
□	□
□	□
□	□
□	□
□	□
□	□
□	□
□	□

请自行列出所需携带的电器，准备好后在“□”中打“√”

需要带的
衣物清单

□	□
□	□
□	□
□	□
□	□
□	□
□	□
□	□
□	□
□	□
□	□
□	□
□	□
□	□

请自行列出所需携带的衣物，准备好后在“□”中打“√”

需要带的
书籍清单

- □
- □
- □
- □
- □
- □
- □
- □
- □
- □
- □
- □
- □
- □
- □
- □
- □
- □
- □
- □
- □
- □
- □
- □
- □
- □
- □
- □

请自行列出所需携带的书籍，准备好后在“□”中打“√”

需要带的
药品清单

□	□
□	□
□	□
□	□
□	□
□	□
□	□
□	□
□	□
□	□
□	□
□	□
□	□
□	□

请自行列出所需携带的药品，准备好后在“□”中打“√”

需要带的
杂物清单

□	□
□	□
□	□
□	□
□	□
□	□
□	□
□	□
□	□
□	□
□	□
□	□
□	□
□	□

请自行列出所需携带的杂物，准备好后在“□”中打“√”

2

法国生活

Université d'Angers
UNIVERSITE DE MONTPELLIER 3
UNIVERSITÉ D'ANGERS
Université des Sciences et Technologies de Lille 1
Université Louis Pasteur-Strasbourg 1
Université Bordeaux 1
Université de Rennes 1

初来乍到

经过一系列的手序，终于可以踏上赴法国的旅程。但实际上这只是留学生活的开端，未来几年的学习生活才是重中之重。孤身一人来到陌生的国度，如何适应陌生的环境，如何展开新的社交关系，如何登记注册、安排自己的住宿。这些都要留学生一个人面对。该如何去做，怎么才能做好，都是需要留学生去考虑的。

注册登记

凡持中华人民共和国护照，持学生签证的，在法国学习停留连续时间超过 6 个月的赴法国留学、进修的学生，无论是公派还是自费的，到达法国的第一件事，均须在中国驻法国使(领)馆教育处(组)办理报到登记手续。这一方面是为了加强对留学生的管理，另一方面也是领事馆对学生身份的认证，一旦留学生需要救助，可第一时间获取相关资料，联系留学生家人。

在法国应入境随俗，多说法语。这一方面可以锻炼自己的口语能力；另一方面也是对他人的一种尊重。当与他人在一起的时候，哪怕身边只有一个外国人，也应说法语。

中国驻法国大使馆网站

http://www.amb-chine.fr

中国驻法国大使馆教育处官方网站

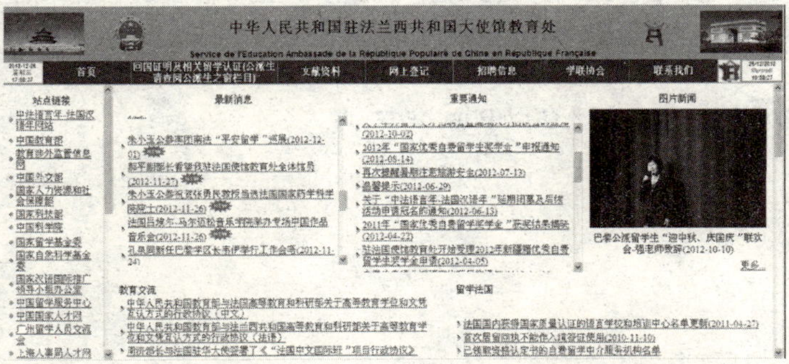

赴法留学生报道要求

- 凡持有法国学生签证及在法国攻读课程的留学生，抵达法国后应尽快登录留学人员报到登记系统进行报到登记。

- 报到登记信息应确保真实、准确、有效，并由学生本人进行日常的维护和更新（如住址、联系方式等信息变动时，须使用个人账号和密码登录系统进行更新）。

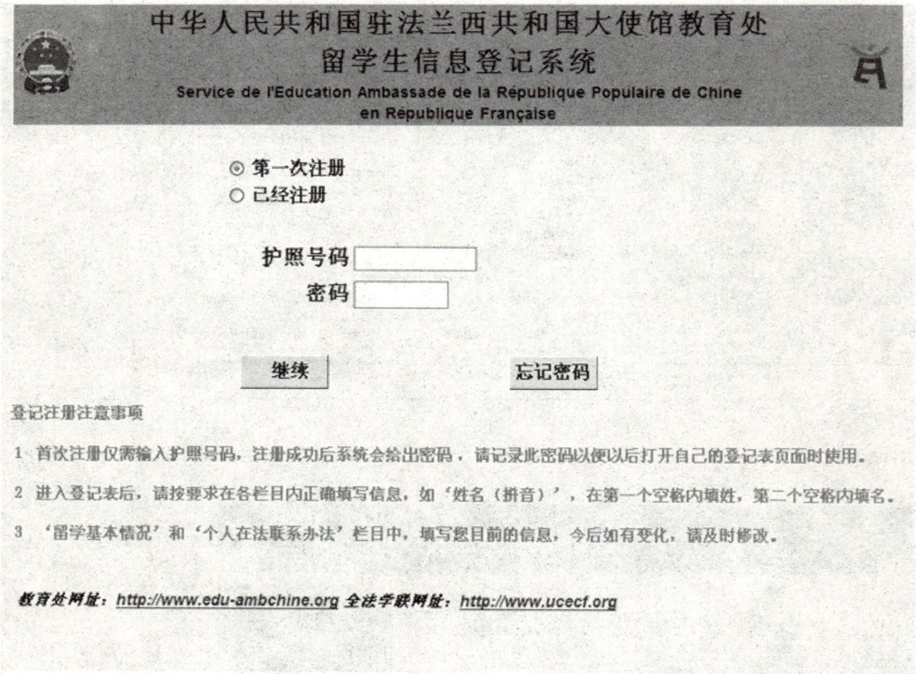

中华人民共和国驻法兰西共和国大使馆教育处
留学生信息登记系统
Service de l'Education Ambassade de la République Populaire de Chine en République Française

◉ 第一次注册
○ 已经注册

护照号码
密码

继续　　忘记密码

登记注册注意事项

1 首次注册仅需输入护照号码，注册成功后系统会给出密码，请记录此密码以便以后打开自己的登记表页面时使用。

2 进入登记表后，请按要求在各栏目内正确填写信息，如‘姓名（拼音）’，在第一个空格内填姓，第二个空格内填名。

3 ‘留学基本情况’和‘个人在法联系办法’栏目中，填写您目前的信息，今后如有变化，请及时修改。

*教育处网址：*http://www.edu-ambchine.org *全法学联网址：*http://www.ucecf.org

在教育处报到登记的留学人员享有以下权利

- 参加由各地中国学者、学生联合会组织的有关活动。
- 可在教育处阅览图书杂志、借阅音像资料，共用为留学人员免费订阅的《人民日报(海外版)》。留学人员还可在各地中国学联范围内传阅部分国内报刊杂志。
- 在学成回国工作时，可在使馆教育处申办《留学回国人员证明》。
- 学成回国并在中国国际航空公司驻巴黎办事处自费购买单程机票，可凭使馆教育处开具的《自费购买中国国际航空公司机票介绍信》享受其对留学人员80公斤行李优惠。
- 根据授权权限，教育处不受理未在教育处登记注册人员的有关事务。

中国所属领事馆信息及联系方式

中国驻法国大使馆

地址

11, avenue George V-75008 Paris

电话

0033-1-49521950

传真

0033-1-47205946

E-mail

chinaemb_fr@mfa.gov.cn

网址

http://www.amb-chine.fr

中国驻法国大使馆教育处

地址

29, rue de la Glacière, 75013, Paris

电话

0033-1-44081940

传真

0033-1-44081960

E-mail

conseiller@edu-ambchine.org

网址

http://jiaoyuchu.online.fr/

中国驻斯特拉斯堡总领事馆

地址

35,rue Bautain, 67000 Strasbourg, France

电话

0033-03-88453232

传真

0033-03-88453223

E-mail

chinaconsul_st_fr@mfa.gov.cn

网址

http://www.consulatchine-strasbourg.org

遇到丢失护照或签证的情况,应先向警察局报案,然后再到大使馆申请补发。申请补发护照和签证需要申请者的2寸照片及护照复印件。

中国驻马赛总领事馆

地址

320, boulevard Carmagnole-13008 Marseille

电话

0033-0-491320001

传真

0033-0-491320038

E-mail

consulate.marseille@gmail.com

网址

http://marseille.china-consulate.org/chn/

中国驻里昂总领事馆

地址

26, Rue Louis Blanc-69006 Lyon

电话

0033-04372483071

传真

0033-0437240099

E-mail

chinaconsul_lyon@mfa.gov.cn

网址

http://lyon.china-consulate.org/chn/

入学手续

法国可分为秋冬两季入学，大部分学生选择在法国秋季，也就是9月份入学。留学新生为了做好在法国生活、学习的准备，最好提前出发。当飞机降落在机场时，留学生们要面对的就不仅仅只是一口的学习，而是一系列现实问题。

法国的大学有不少并不在繁华地带，反而居于乡村或是郊区。新生甫下飞机，往往不知所措。因此应提前与学校的学联联系，请求他们的帮助。如果学联允许，可能会请高年级的留学生到机场来帮助新生。但要注意的是，得到别人的帮助，要适时表示感谢，在通过学联请求帮助时，就应该提出由自己支付过路费、油费以及租车费用等，在经过高速收费关卡或缴纳相关费用的时候，应主动缴纳，不应把别人的帮助看做是理所当然。如果由学联组织集体租车的话，则应该缴纳自己的那部分费用，不要因小失大，给别人留下不好的第一印象。

办理出入境手续时，应注意遵守秩序，保持安静，不要随便议论有关炸弹、恐怖主义、宗教或一切敏感的话题。

到达校园后，不要包裹一放就去参观，需要做的事情有很多，应按部就班，一步步规划。

初入大学应做的事

向学校报到

留学生抵达大学校园后，应立即询问所在院系的入学登记时间，不同的院系报道时间也不同，应按时与学校内的新生接待处 / 留学生办公室取得联系并拿取学生表格，填写姓名、学号等资料，按所报院系确认自己分配到的不同的教室，并参加选课咨询会。另外，许多大学的留学生办公室会向新生提供一些学校、生活的相关信息，能最大程度的促使留学生尽快融入校园生活。如需要发布一些信息，也可以询问该办公室是否可以提供帮助。如：收购电器和家具、征求室友、了解住宿信息等等。

赴法国留学最好携带相关身份证明，以备抵达法国后使用。如出生证明、无犯罪记录证明、结婚证、毕业证、成绩单、学位证书、驾驶执照和经历证明，上述证明应办妥公证，并附法文译文。

在线注册

法国大学的很多学习相关服务都可在网络上实现，如选课、退课、改变课程等。学生的其他信息也可在网络上查询。新生第一次在线注册时学校会安排工作人员做演示，并且随时为学生提供服务。在线注册包括学生的基本信息、选择的课程等。注册后系统会自动生成电子邮件地址，并告知用户名和密码，这也是登录校内网络所需的钥匙。留学生只有在进行了学生注册手续后，才能拿到学生证，也就可以开始办理在法国生活的各种必需手续了。

办理长期居留证

留学生注册后，须尽快办理长期居留证，否则就只能携带学生证出入，且不能离开就读的城市。长期居留证一般由学院代为办理，留学生应向学生办公室询问并申请。若因材料不全，暂时无法办理，则应申请短期居留证（有效期为3个月），短期居留证最多可申请4次，在此期间应尽快办理长期居留证。

办理长期居留证所需材料

- 护照复印件
- 照片
- 学生证复印件
- 住房证明原件
- 银行存款证明
- 出生公证复印件
- 医疗保险证明
- 体检费用

法国大学内有时会组织教会活动，并对留学生发出邀请，不必拒人于千里之外，如不想去，委婉拒绝即可。

参观校园

尽早尽量地对学校做一个详尽的了解，认识学校的各项规定以及相关服务，包括图书馆、餐厅、电脑房等与学业有关的各项设施，以便在开学后能轻松展开学习生活，对学校的服务设施善加利用。

联系中国同学会

由于近年来赴法的中国留学生日趋增多，法国大部分大学中都设有中国同学会。作为来自中国的新生，应主动联系同学会，请教学校和社区生活的注意事项，这些高年级同学的经验能使你少走弯路。

管理账户

独身在外，不应随身携带大量的现金，法国人常会将钱存入银行，开办信用卡或储蓄卡用以消费。法国人大部分的收入，括工资、薪酬以及政府津贴等都是直接向账户内支付的。留学生到法国学习，应先携带一张信用卡，缴纳学校所需的各种费用。但留学生活是一个长期的过程，且中国外汇管理局要求每人每年购汇累计应在5万美元或等值外币以下，因此应办理一个法国账户，申请一张银行卡。这不仅证明留学生有足够的经济能力，还可证明其具备良好的信誉，并在办理各种手续时省去很多不必要的麻烦，在生活方面带来极大的便利。

法国的银行业十分发达，拥有多家国际知名的银行，且由于法国的银行系统与国内的有较大不同，在这里介绍两家银行的留学生常用账户，用以参考。具体各银行账户应在各银行网站或通过电话查询。

银行支票账户应保有足够支付账单的金额。要知道若遭跳票，也会影响留学生的信用。

法兴银行

法兴银行成立于1864年，是法国知名银行。2008年4月，法兴银行获得了中国银行业监督委员会的批准，在中国成立了有限公司，现已在北京、上海、天津、广州、武汉和杭州开设分行。为了争取赴法留学生客户，法兴银行推出了一系列的服务，可帮助那些法语不过关且对法国情况了解不深的留学生及其家长，在国内即办理好留学账户。

联名账户

联名账户的币种涵盖人民币及9种外币。申请者可选择与家人或合作伙伴开通联名账户，共同管理账户资金，充分达到对账户金额的合理支配。通过联名账户，每个联名账户持有人有权分别及独立地行使所有涉及联名账户的权利。申请者和其他账户持有人可以实现多种账户服务。

提供服务

- 账户查询（包括活期账户，定期存款或通知存款账户）。
- 活期账户存取款。
- 定期或通知存款的创建、支取和续存。
- 资金划转。
- 开具账户余额证明书。
- 开具存款证明书。
- 申请账户月结单。

GOOD

● 便于家长查询孩子在异国的资金使用情况，便于两地存取。

BAD

▲ 缺少额外服务，只能提供基本存储服务。

定期存款账户

法兴定期存款账户，可以为申请者提供多种可选存期的外币或人民币存款服务，不仅为其带来更高的收益回报，并且将申请者的所有收支情况均详列于综合月结单内，方便查阅，一目了然。

提供服务

● 多种外币及人民币可供自由选择。

● 固定投资收益，免却后顾之忧。

GOOD

● 较为稳定，且可两地通用，免除了留学生初到法国，不熟悉银行运作，难以办理银行账户的问题。

BAD

▲ 只能定期取现，外币为：1个月、3个月、6个月、1年定期；人民币为3个月，6个月，1年，2年，3年和5年的不同期限。

活期存款账户

如果申请者希望灵活支取您的储蓄存款，同时获得固定的利息，就可选择该银行的储蓄存款业务。该业务将定期支付利息。

提供服务

- 多种外币及人民币可供自由选择。
- 资金灵活，充分保证客户的资金流动性要求。
- 每日记息，轻松享受利息积累。

GOOD

可灵活存取，便于留学生与家人两地调整现金额度。

BAD

▲ 利息较定期存款为低。

法国的主要账户类型

法国的银行体系与中国的有较大差别，法国人日常的支付手段也与国内不同。留学生申请赴法国就学，应提前了解相关知识，避免支付、存储方面的麻烦。

账户类型

- 法国的支票账户只是基本账户，申请后可用来支付和结算。该账户配置银行，但存款并计利息。若客户信用良好，则可以用该账户透支。
- 法国的活期储蓄账户计算存款利息，但不同的银行其计算的利息也不尽相同。该账户不能用于支付、结算，仅能用来转账，也不能进行透支。
- 法国的定期储蓄账户利息较高，其利息同样随着各银行政策的不同而有所波动。该账户顾名思义，必须在一定期限取现，不能提前支取。

●福利性账户。该类账户主要是由国家支持开办的，利息较为统一，但比日常账户的利息高一些。但办理该账户必须满足各银行不同的特殊条件。

支付手段

●法国人常用支票来消费和进行个人结算。支票的使用也为法国工商业所普遍接受，使用支票结账不需手续费。

●部分银行账户提供的银行卡仅是提现卡，即只可在取款机上取钱，而不能用其付账。

●法国的借记卡与国内的银联卡类似，都可以联网使用，也可以透支，现在是法国人除了支票支付外，另一种普及的支付手段。

●法国的信用卡与国内的功用类似，都是支持消费的银行卡，取现手续费较高。

收到账单时应仔细核对，尤其是信用卡账单有时会有误列账目的情况发生，如发现有误，应尽快联系并要求更正。

申请法国账户

初步了解了法国账户类型和信用卡类型后，留学生就要考虑申请自己的账户和一张信用卡了，那么如何申请法国账户，申请时又该携带什么资料呢。

在法国开办账户

●了解自己要申请哪家银行、哪种类型的账户。

●必须认准正规的大型银行。

- 必须拥有学生证。
- 必须提前预约。
- 保险起见，第一次申请法国银行账户，最好亲自到银行大厅办理。
- 向柜台要申请表，并细心填写，若有不明白的则须及时询问，不要想当然的胡乱填写。
- 办理了法国银行账户后，可请家属直接从国内汇款过来。
- 询问所办账户的汇款利息，不要一次性汇大额款项，以免手续费过高。
- 允许账户透支。
- 办理银行账户后，应尽量使用信用卡。
- 法国的银行均为全国联网，可在任一城市的任一代理处办理开户、存款、取款、汇款等手续。
- 银行开户前最好根据银行的申请要求，带好自己的身份证明，如护照、居住地证明、驾照、信用卡、医疗保险卡等。

各种账单应准时支付。账单上多会载明付费截止日期，最好能提早一周寄出，万一迟付，可能会被罚款，而且有损你的个人信用。

办理银行账户须提供的资料

- 有效护照。
- 有效留学生长期居留证明（3个月的留学签证一般不被接受）。

- 住房证明和地址证明(租房合同、房东身份证件、水电费单、房租收据等)。
- 学生证或注册证明。
- 账户申办人的全名、出生年月日及地址和电话号码。
- 申办人须提供签名样板供银行在办理签发支票和信用卡等事务时可对照笔迹。

注意事项

- 存款利息需要计入收入所得税,所有的存款收益都要扣除个人所得税。
- 银行账户可直接用来支付水电费、房租等。
- 若想关闭账户则必须提前预约,且用书面方式给开户行客户经理致信。关闭账户后,相关银行卡要退回销毁。
- 法国银行一般都设有学生账户,但大部分学生账户都需要申请者提交在法国居住一定时期以上的证明。申请者可依个人情况选择是否办理。
- 不要把自己的身份证件借给他人,或委托他人开户。
- 银行卡的密码不应随手乱记。
- 尽量避免在公共电脑上登录网上银行。
- 若遗失银行卡,应第一时间和银行的24小时电话联系,办理停卡。

法国人购物大部分都会使用信用卡或支票,大多数商店也会向顾客提供电子付款服务。因此,在法国外出不需要携带大量现金。

申请住宿

中国人有“安居乐业”之说，想专心致志地投入到学业中去，先要解决住宿问题，有一个好的住宿环境，也可以尽快熟悉环境，对生活和学习都是十分有利的。

在法国，留学生主要选择的住宿方式主要有3种：学校公寓、自主租房、家庭寄宿。不同的大学其提供的住宿方式也不同，有些大学硬性规定学生入校第一年必须住在学生公寓，有的甚至是两年制学校住宿制。当然，就安全性来讲，肯定是学校公寓的安全性最高，但由于环境、自由度和资金等原因，也有很多留学生选择后两种住宿方式。

为安全计，租住房屋时应安装油烟报警器。

学校公寓

对于第一次出国的留学生而言，如果资金足够，最好还是选择在学校公寓居住。这是有多方面的考虑，尤其考虑到留学生初来乍到，甚至有些连法语都不过关，贸然租房，很可能难以租到称心如意的住所，甚至可能会受骗。

选择校内住宿的优、缺点

GOOD

● 节省了交通时间和费用。

BAD

▲ 不一定能与同宿舍的学生和睦共处。

GOOD

●可直接在校内餐厅就餐。

BAD

▲难以享有私人空间。

GOOD

●便于融入校园氛围，可更快地投入到学习当中去。

BAD

▲不易于更快了解法国的社会。

GOOD

●可作为缓冲，避免立刻面对社会生活与习惯的冲击。

BAD

▲如学校放假，公寓有时也会关闭，会造成不便。

GOOD

●易于结交朋友，有利于社交。

BAD

▲学校公寓的住宿费较贵。

GOOD

●能更便利地利用学校的设施。

GOOD

●学校环境相对比较安全。

决定了要在校内住宿，就要尽早向学校住宿办公室(housing office)提出申请，索取相关资料及申请表。一般情况下，学校会按照所属系和年级的不同安排住宿。但部分法国大学在学生申请住校时，即会要求缴纳申请费和保证金，即住宿定金。要注意的是：一旦住进宿舍后，再要求退出，住宿费则不会退还。因此如果改变主意，要提前向学校提出。

自主租房

留学生如果想要进一步了解法国社会和法国式生活，并希望能拥有自由的时间和更多的个人空间，则不妨考虑自主租房。选择自主租房，首要关注的就是资讯。

自主租房的资讯来源

- 学校布告栏张贴的房屋出租、征求室友的广告。
- 社区报纸和校园报纸上关于房屋出租、征求室友的广告。
- 校园网络上的资讯及租房网站上的留言。
- 部分大学的住宿办公室会向学生提供一定信息。

法国部分出租屋是没有家具的，但多备有炉灶、洗衣设备和窗帘、地毯等物。签订租房合约后，留学生需联系安装电话以及联系供电。同时需要添置炊具、卧具以及其他生活必需品。

但要注意的是，靠资讯找房源时一定要抱有警惕心，留学身孤身在外，一切要以安全为先，不可只贪房租便宜、条件优惠，要多方面考虑，谨防上当受骗。

自主租房的形式主要分为两种，即单人独住和多人合租。如同字面意义，单人独住就是自己一人住一套公寓，多人合租则为一套公寓有两人以上分住，以便分担租金。多人合租一般是卧室各自使用，客厅、厨房、卫浴等处则大家共享。

自主租房的优、缺点

GOOD	BAD
●住宿时间自由。	▲安全问题无法保障，需要自己留意。
●个人时间充裕。	▲交通和用餐要自己解决。
●有足够的个人空间。	▲生活费用会提高。
●可更快了解融入法国社会和生活。	▲需要自己缴纳水费、电费等杂费。
●对提高独立生活能力有较大帮助。	▲需要处理好与室友及邻居的关系。

GOOD

● 住宿费用可自己调控。

BAD

▲ 生活方面要完全自理。

决定了自主租房后，不要只看到一处合意的房源就坐等，应多看几处，四处撒网。因为热门房源往往是多人竞争，房主也会等求租者全部看过房子后，才在其中挑选合心意的租客。另外，不要完全相信房主的口头约定，要与房主签订正式的租房合约。在法国租房有时要先预付一定的押金，多为几百欧元，有的房东在租客退房时会以各种理由来推诿押金，不予退还，这时应有理有据地反驳，并告诉房主必要时会诉诸法律。

法国当地的报纸多会刊登出租房屋的广告，留学生通过这种方式与房东联系则可以免除中介费用，但往往较为费时费力；通过房屋中介寻找房屋，则需支付一定的费用，但可较快地找到合意的房屋。

办理住房合同

法国政府对住房租赁有专门规定。凡是租房者必须签订租赁合同(Contrat de location)或住房租约(Bail)，这两项合约中均包括了租房的各种规定和条件：租房期限、房租金额、担保金额、水电费用、续约方式等。租房者须按规定缴纳保证押金(Depot de garantie)，押金金额相当于两个月的房租。若退租时，房屋内无损毁，且租房时房主提交的租房明细表(Etat des lieux)上的各项家电也没有遗失、损毁，则押金全额退还。留学生租房时，有时会被要求出示父母担保证明(Caution)，并在签订合同时，先缴纳 1 个月的房租。

自主租房的注意事项

- 最好选择靠近学校的地点，这样一方面可以有安全上的保证，另一方面则避免了交通问题。
- 周边环境是否安全，不应租在鱼龙混杂之地。
- 留意所租公寓内是否附带家具、生活电器、相关厨具等。
- 房屋的保险合同等是否齐备。
- 从房主的谈吐，行为中所透露出的信息，可以分析房主的人品。
- 是否禁养宠物。
- 询问费用详情，如电费、水费是算在房租内，还是由自己支付。

法国人对垃圾的处理非常重视，垃圾箱分可回收和不可回收两种。可回收垃圾主要有：纸制品、塑料制品、玻璃、金属（包括易拉罐、铁皮罐头盒）、布料等等。有毒且不可回收的垃圾包括：废电池、日光灯管、水银温度计、油漆、药品、化妆品等。要区分对待。

家庭寄宿

家庭寄宿更多的是针对那些短期进修的学生或赴法外读高中的学生，对于留学法国的大学生来说，申请家庭寄宿可能不太容易。学校住宿办公室一般登记有提供家庭住宿的住户名单。这类家庭多对留学生抱有一定期望，有些希望留学生提供部分帮助，如做家务、照看孩子等。作为回报，他们会为留学生全额或部分减免住宿费用。

家庭住宿的优、缺点

GOOD
●可更深地体会法国人的生活。

BAD
▲必须适应对方家庭的作息时间。

GOOD
●具备最便利的提高口语的环境。

BAD
▲个人空间可能会受到影响。

BAD
▲未必能适应对方家庭的生活习惯。

一般来说，由学校提供的住宿家庭都具有一定保障，但也不能掉以轻心，如申请通过，应向学校索取对方家庭提供的信息列表，里面应写明其成员、作息习惯、宗教习惯、社会安全号码、是否养有宠物等信息。这有助于留学生做进一步判断。

寻找寄宿家庭的注意事项

- 了解对方是否有犯罪记录。
- 了解对方是否有违章记录。
- 了解对方的信用卡信用是否良好。
- 了解对方家庭一公里范围内的邻居是否有犯罪记录。
- 了解对方家庭是否有不良的生活习惯。
- 了解对方家庭是否有不良的生活习惯。
- 了解对方的经济状况是否良好。

申请住房补助

留学生在法国租住房屋后，可申请住房补助。住房补助是法国政府为了贴补留学而设立的一项福利制度，主要是贴补留学生的房租费用，即留学生在支付房租时，可每月通过法国家庭补助中心 CAF 处（caisse nationale des allocation familiales）领取补贴金额。

申请所需材料

- 在法国 CAF 官方网站上下载申请表格。

- 根据表格要求详细填写确实的个人信息，如填明申请住房的地址、号码、房间号、公寓号等详细信息。

- 填写个人银行账户信息，以备申请成功后，用该账户接收住房补助。

- 填写成功后打印表格。

- 备齐学生证、护照、房东同意书等 CAF 需要的个人材料寄往 CAF 机构。

- 若申请被批准，则可按月领取补助。

注意事项

- CAF发放补助金时会考虑到留学生的入境时间。
- CAF补助金额的多少根住房类型、面积、地点等有关。
- CAF有时也会提供给申请者一个CAF网上账户，供查询使用。

购买保险

法国人的保险意识非常强，几乎家家户户都会买保险，甚至买十几个保险，其囊括了车辆保险、房屋保险、人身保险、医疗保险等等。留学生赴法国留学，自然希望顺利完成学业。但天有不测风云，人有旦夕祸福，谁也不能保证几年的学习生活就一定万事无忧。法国政府规定学生必须购买社会保险，该保险是强制性的，甚至居留证的申请都须提交保险证明。

因保险业发达，故而法国的保险种类繁多，其针对的方面也有个不同，留学生在法国也不必面面俱到，只须了解基本的保险种类即可。

法国牙医及眼科费用不包含在免费医疗之中，且牙医费用十分昂贵，最好在国内进行这两科目的医治。

法国常见保险种类

医疗健康保险

法国政府规定，学生必须购买社会保险，这是为了避免学生生病时就医费用过高，是法国政府为学生设立的一项福利。学生购买此保险后，到医院就医可报销70%全额。而该项保险还有一个补充险(LMEI)，承担另外30%的医疗费用。补充险是自愿购买的，但为长久计，还是应该购买全险，以免万一病倒，不仅要忍受病痛折磨，还要面临巨额医疗费用。

人身保险

人身保险即为自己的生命作保。如遇到意外不幸去世，保险赔偿费将付给受保人所指定的受益人。人身保险也有多种不同的类型，应先行了解后再去购买。

个人财产保险

赴法国留学一般不需要带贵重财物，但如特殊情况必须携带，则可为自己申购个人财产保险，以防遗失、失窃及损害。

行李保险

部分留学生会为自己的行李作保，以防遗失或失窃。

汽车保险

有些留学生获得了驾照，为了出行便利会在法国购买汽车以代步。但法国要求车主购买汽车全面保险(包括盗窃、失火、刑事毁坏及损毁等)。如果仅是租车，则不需要支付保险费，因为其费用已经包含在租费当中。

在法国如何购买其他保险

- 需对法国的保险政策有一定了解。
- 应对各大保险公司的产品进行比较。
- 多咨询有经验的留学生，并可在学联网站上寻找相关信息。
- 询问学校是否可提供相关信息，并且是否可进行推荐。
- 要根据自己的实际情况和需求进行购买。
- 除考虑费用外，还应考虑额度、保障内容、保障限制等。
- 应了解所申购保险的保障范围。

在法国的众多场合都需要出示身份证件，如银行开户、使用支票等，因此留学生应随身携带附有照片的证件。

购买保险后，保险公司会向申购人发放保险卡(一般期限为4个月)，应妥善保存。万一遗失保险卡，要及时挂失。

申请打工

留学生自费赴法国就学，对普通家庭来说是一笔不小的开销，为了缓解生活压力，也可以对自我进行锻炼，许多留学生在课余时间会进行打工。但在法国留学打工必须了解并遵守法国政府对于海外留学生打工的法律规定，否则一旦违法打工，不仅其学生身份会自动失效，陪读的配偶和子女的签证也会随即失效，并会被移民局遣送出境。

在法国打工

留学生在法国就读期间，是可以打工的。法国教育部门允许学生打工补贴日常生活费用。但在法国打工也要扣除个人所得税，且不要因为忙于打工耽误了学业，那就得不偿失了。法国对留学生的打工政策是什么？申请打工需要提交什么资料？在打工之前，这些是必须先了解的。

在法国打工切忌打黑工，即打工时间超时或通过其他不法途径打工，否则一旦被移民局发现会被直接取消签证遣送回国。

法国打工政策

- 留学生到法国就读的第一年不允许打工，但当年的假期期间则可以申请打工。
- 留学生在法国就读期间，若是想要打工，则须向校方申请工卡。
- 留学生日常打工和假期打工所申请的工卡是不同的，并且不可通用。

- 留学生在学期中，每周最多可工作20个小时，但不能申请全职工作。
- 留学生在假期，可以申请全职工作。
- 留学生打工不能参与商务买卖、自雇、作为职业运动员参与比赛或成为职业演艺人员进行演出。

申请打工

- 在法国打工需要到自己院校所在的省劳动部门申请办理工卡。
- 首先应到职业介绍中心，寻找适合自己的工作，并将工作类别编码告知工作人员，请他们帮你联系雇主。
- 需等待雇主告知面试时间、工作名称、工作地点、联系电话等信息。
- 准备学生签证，长期居留证、用法文写清父母姓名、出生年月日、法国居住地址等个人信息，并携带一系列工作信息到所在省劳动部门办理工卡。
- 若资料齐备、面试通过，则会很快收到工卡，之后便可以去面试工作。

校内打工

法国校内打工的工种类型众多，工作量相对较少，也比较轻松，只需要学生在课余时间完成即可，因此比较适合留学生进行申请。但由于申请人较多，因此竞争也相对激烈。

法国校内打工的工作类型

机房打工

法国大学的计算机房多会聘用部分学生担任计算机助理，为现场使用计算机的学生提供信息和现场帮助。另外，法国大学的实验室有时也会聘用部分学生进行清理。

学校餐厅

法国大学基本都会设有餐厅，通常会聘用部分学生担任除管理负责人和厨师外的工作人员，这类工作机会比较多，也容易掌握，往往还能解决就餐问题，可谓一举多得。

图书馆

法国国大学的图书馆多会聘用部分学生进行图书归类、码垛、整理、清理等工作。因图书馆环境优越，可名正言顺借机读书完成课业，因此此类工作竞争较为激烈。

学生公寓

学校公寓的管理往往面临人手不够的情况，因此会聘用学生担任管理助理，但担任这类职务的学生多为研究生，新生则不太可能被安排这类重任。

行政机关

学校的行政管理机关有时也会聘用部分学生帮忙归类资料、打印表格等，这类工作需要被聘用学生细心谨慎，但有时可在工作之余与学校高层搞好关系，有助于申请更多工作机会，近水楼台先得月。

校园

大学校园内有时会聘用部分学生对之进行清理，甚至需要拥有驾照的学生充当校车司机。

中文助教

部分校园内开设有汉语研习班或兴趣小组，留学生可凭借语言能力，获得此类职务。

校外打工

留学生在校外打工有时能获得较高的酬劳，甚至有的留学生可达到月收入上千欧元。但也要留意校外打工的陷阱，谨防贪图工资利润高而吃大亏的现象。赴法国留学生的校外打工工作多集中在当地华人聚集区，一方面解决了语言问题，另一方面也较易沟通。

法国校外打工工作类型

简单类型工作

这类工作一般都为餐厅、超市、服务行业。初到法国的留学生法语不过关，就可选择这类工作。如洗盘子、厨房打杂、超市货物整理等，工作内容简单，收入也过得去。

技术类工作

这类工作适合有一技之长的留学生从事。如按摩、漆刷、园丁、厨师等，从事这类工作，虽然内容复杂，但收入不菲，如技术水平较高，收入可能会直接上一个层次。

语言类工作

如留学生的语言过关，则可借助自己同时掌握法语和汉语的优势，申请多种工作。如翻译、收银、家庭教师、汉语教师等等。这类工作有时不仅收入丰厚，还能接触到更多的人，为自己的将来打开一条路。

家庭类工作

这类工作主要是居家保姆、接送孩子、帮人遛狗等等。部分华人家庭希望自己的孩子能继续掌握中文，因此愿意雇佣华人留学生。

课堂学习

法国大学的课堂形式一般分为集体大课和以讨论为主的小课，课堂上自由度比较高，鼓励学生发表自己的观点，找出适合自己的学习方式。要注意的是，不要误认为国外大学的自由度高，就可以任意妄为。无论哪里的大学一样看重出勤率和参与度，并会将之计入学期末的考核中，这两项成绩也直接影响到留学生申请奖学金和校内工作成功率。

留学生开始正式上课后，多有因为语言、学习习惯、书面表达能力等原因难以跟上课时进度，这时提前预习和课后复习也就显得尤为重要了。法国大学主要要求学生具有相当的自修能力，因此课程进度较快，这就需要留学生提高自己的阅读速度和理解能力，尽快对所学课本有个大概的了解。另外，要养成随时记笔记的习惯，将阅读重点及不明白的问题一一记录，以备温习和解决。

留学生在写论文时，如引用了他人的文章，则应以“引号”标注，而不应大篇幅引用，且一旦引用就要在文后标注出处。否则会被视为“作弊”，严重时甚至会被开除学籍。

课堂学习诀窍

自备录音设备

留学新生初到法国，法语听力大多并不过关，讲师在授课时侃侃而谈，学生则听了上句忘下句，这时就可以考虑把授课的内容录下来，以备课后温习。学生可以自备录音笔、复读机等小型录音设备，将讲师所讲的重点录下来。但要注意的是，有的讲师并不欢迎学生在课上录音，这时应该尊敬对方的授课习惯，尽量克服。另外录音只是辅助手段，不要让录音分散了你课上的注意力。

随时记笔记

正所谓"好记性不如烂笔头"，讲师在课堂上所讲的内容，不一定全都能当堂吸收，因此应把讲师授课的精华、重点记下来，一方面便于复习和预习、以及课组活动时所用；另一方面集结成册，学期末可用于准备考试。如因书面表达不当，或是听力不过关，可向讲师提出，询问是否能安排助教或同学帮助。

要得到好成绩，就要多到任课老师的办公室拜访。在规定与教授及助教会面的时段，可就学业上遇到的问题向他们咨询，这样可以使教授看到你对该课程的热情，并了解到你选择修习该课程不是为了学分。

多发言，多表现

法国大学与中国大学最大的不同，就是在于参与感。法国的学生即使在授课过程中，也会随时提问。中国留学新生则应该克服自己的语言和心理障碍，尝试着多问问题，多参加课余讨论，一方面可以与其他同学增加交流，使课业上的疑问即时获得解答；另一方面可使讲师对自己留下印象，便于与讲师日后的交流、请教。

法国大学的考试主要分为大考，即期中期末考试，这类考试的成绩约占全学期成绩的80%以上，考试形式多种多样，有多项选择考试、解决问题考试、简短回答考试、小论文考试、实践性考试等，需要慎重对待。另一种则是由教授布置的、需要课下自己作答的考试，这类考试因不需当堂做答，因此压力不大，但也不可掉以轻心，因为这直接关系到教授对你的印象。

如果对成绩有疑问，也不要急于向教授质询或是央求对方说：你需要一个“优秀”才能参加社团。而要委婉地表示教授是否错认了你的答案，是否算错了分数或是看漏了你的作答。

教授所布置的考试，有时是题集，有时则是一篇与课业相关的论文。国外大学对于这种课业论文的要求较高，需要学生积累足够的阅读量，这样其论文才能旁征博引。重要的是，论文必须具有清晰的论点，使人可从中窥见作者自己的想法，而不是简单地罗列材料。

法国生活指南

留学法国不同于短期旅游，是一个长期的过程，留学生的留学生活有时甚至长达四五年。那么，如何适应法国的生活就成了重中之重了。法国与中国各处不同大洲，不论从衣、食、住、行各方面来看都具有差异，要了解这些差异，做到心中有数，求同存异，乐于尝试。

法国的穿

由于其国土三面靠海，仅一面紧邻内陆，因此法国的气候十分不均衡。法国南部为地中海气候；东北部则是大陆性气候。冬冷夏热，春秋多雨。而法国西部由于紧挨大西洋，因此冬暖夏凉，温差较小，日照也较弱。法国的冬季最低温度可达到 0℃，夏季最高温度则不会超过 30℃，留学生应多带春秋装，并且要注意保暖。

法国人热爱打扮，他们的时装行业世界闻名，在生活中也随处可见各种时尚元素。法国人往往将衬衫领线折得笔直，裤线烫得笔挺。寒冬腊月，法国的老妇人也多穿着裙子，带着各式帽子，雍容华贵。

而法国年轻人的衣着以优雅时尚为主，他们以领先潮流为傲，穿越大胆、他们的服装多种多样，并不拘泥于一种

质量·容积换算

1 盎司 = 28.3 克
1 磅 = 453.6 克
1 千克 = 2.2046 磅
= 35.27 盎司
1 品脱 = 0.56826 升
1 夸脱 = 1.1365 升
1 加仑 = 4 夸脱
= 4.54609 升

形式。在大街上，可见来往路人多有穿着各异，却各具风采，几乎看不到有两人穿着一模一样的衣服。有的在国人看来简直是奇装异服，如炎热夏季，却脚踏一双棉靴；三九寒冬，光脚穿凉鞋走来走去；又如里三层外三层的长短不一的穿着。同样的场合，也许一边是正式的西装，另一边则是T恤牛仔裤，都不以为怪。法国院校对学生的服装打扮并无规定，因此学生们多凸显自己的个性，女学生更每日化妆，并将之看做一种礼仪。在参加校内聚会或化妆舞会时，法国人会追求新元素，出其不意地打扮成吸血鬼、狼人、巫师等角色，招摇过市，务必使自己与众不同，争奇斗艳。总之，只要不妨碍社会公共，那么随你穿，想怎么穿就怎么穿。

但法国人也有严肃着装之时，在正式场合，如剧院、政府部门等地，可见人们衣冠楚楚，男士西服革履，女士着以各式裙装，并淡妆素抹，十分动人。若举行舞会，则不论男女一律正装，且按天时的不同，配以不同的服装。如午餐会，男士多着休闲西服，女士可短裙示人。晚宴则又不同，男士多着黑西服，女士一定为一款晚礼服，挽着手包。可见，在欧美人看来，服装也是一种礼仪，应根据不同场合搭配不同的衣服。留学生赴法国留学时，除了换季衣物外，也应携带一些正装，如小礼物、西装等，日学习生活的着装，不太适合直接穿到学校派对中去。

与国内相同的是，法国的服装商场同样鳞次栉比，既有当季新开的打折服装店，也有规模宏大的百年老店，还有可供淘宝的二手服装店。法国服装店分工有序，从专卖老年人衣物到童衣店各有不同，可满足各阶层客户的需要。

在选课前，可以多参加一些班级的听课活动，衡量对比之后，再做出决定。

法国的吃

中国的吃世界闻名，而法国人的吃也风靡世界。在一个世纪前，法国菜就是著名的美味，为食客们趋之若鹜。法国人会吃，也看重吃，大部分外国人都不太爱吃，但法国人的饮食习惯却同中国人一样讲究，他们不仅要吃吃得好，还要吃得有情趣，对环境和氛围有较高的要求。法国人不吃猫狗，对其他肉类却来者不拒。他们喜欢吃蜗牛、青蛙和马肉，生蚝、龙虾及各种海贝也是桌上美食，鱼子酱、鹅肝更是法国名菜。法国菜的作法大多是炖、煮和烤，少有进行烹炒的。他们喜欢在饭菜中夹杂香料，以改变菜肴原本的味道，使之更多元化，也突出了食材的鲜嫩。在调料方面，他们主要使用黄油、牛奶、鸡蛋等做配料，青菜也是配料之一，但多为生吃或拌成各式沙拉。法国的甜点也是世界知名，很多家庭主妇热爱烤制点心，味道更是一流。

法国人早餐一般遵循传统，多是吃面包、咖啡、巧克力等高热量的食物；午餐是他们一天中最重要的一餐，一般在午后12半之后或是1点钟开始；晚餐则开始的较晚，八九点钟才吃晚餐是常有的事情。法国人的社交正餐持续时间较长，上菜顺序更是有严格的规定。先开始是开胃菜，随后是鱼或意大利面，然后才开始上主菜，主菜内包含各种沙拉、奶酪和水果，饭后会有点心配咖啡。法国人在家中请客时，会着意打造用餐气氛，如铺盖雪白的桌布，插好鲜花，打造柔和的灯光等，务必使客人宾至如归。因此若留学生到法国朋友家正式拜访进餐时，也应注重穿着，并带上小礼品。

对法国人来说，下午茶是十分重要的，其已经成为法国人不可或缺的生活习惯。但法国人的下午茶不是喝清茶，而多喝奶茶和柠檬茶，同时配以蛋糕、点心。

而对于中国留学生来说，法国菜虽然好，但常吃也会腻。不过好在随着移民的大量涌入，世界各地的美食也被带到了法国。如今的法国，饮食已经呈现多样化的趋势，意大利、希腊、日本、西班牙、土耳其、阿拉伯等各地菜肴，食品相继在法国落户生根，它不仅满足了各地移民的需要，也给那里的法国菜带来了新的口味，这其中当然也有中餐馆的身影。法国的中餐馆一般不大，但收拾得十分干净整洁，口味上也能大致满足留学生的需要。只是由于外出就餐频繁会造成经济上的负担，因此留学生要在法国解决用餐问题，可还是应直接在学校餐厅就餐。如要求更高些，就可以考虑自己做饭。法国有中国人开办的超市，其中各种调料和青菜十分齐全，甚至能买到正宗豆瓣酱。这类超市也会在各种节日期间开展打折活动，有时会实现返现，即买完东西后，超市会寄回返还的支票。这种机会，常做饭的留学生不可错过。自己做饭的留学生，偶尔也可邀请室友或同学来美餐一顿，这样既可以结交朋友，又获得了好人缘，何乐而不为。

生活中的礼仪

礼仪是我们在生活中与人交际的基础，也是尊重他人的一种表现。法国的文化、风俗都与中国大相径庭，留学生想要融入法国的生活，结交新的朋友，与同学和睦相处，就要了解他们的礼仪习惯。

法国人虽然平时看着不易接近，实际十分热情。但与他们交往要注意的是，法国人是很在乎日常生活中的礼仪的。如邻里碰面，应以目示意，相对微笑。在他们看来，凡是收入、年龄、婚姻状况、家庭情况等都属于个人隐私，他们既不会贸然询问，也不希望别人对他们“交浅言深”。与他人初相识时，应先介绍自己，在询问对方的姓名，这也是一种谈话上的基本礼仪。大致来说，法国人的礼仪表现在生活的各个方面，留学生应入乡随俗，尊重他们的习惯。

在法国，不要随口就说出口头威胁，如“杀了你”、“跟你拼了”这类的话语，这会让对方觉得你是在对他人造成人身威胁，对方甚至可能报警，从而引起不必要的麻烦。

留学生应遵循的礼仪

交际语言

与人初见，应先介绍自己。相互交谈时应有来有往，不应只是谈论自己，也不要一味地说些：“天气不错，吃饭了没有，”之类的客套话。法国人见面时惯于握手，十分熟悉后，部分女子会用亲吻对方的脸来表示友好。聚会充当介绍人时，应先将男士介绍给女士，长辈介绍给小辈。称呼别人时要先说姓，再接上先生、太太、小姐等尊称。要注意的是，如对方夸奖你，则不应过分谦虚，只需诚恳道谢即可。

肢体语言

与他人交谈时应保持一定距离，不要靠得过近，遇到打喷嚏、打哈欠等突发情况，应及时转过身去，不要当面施行。法国人虽然热情奔放，但对陌生人仍将有戒心，不要贸然拥抱他人或勾肩搭背。在社交场合，忌讳打哈欠、伸懒腰等小动作。

服务

在法国，给不给小费由自己抉择，但部分场合还是应该支付小费，否则可能会造成尴尬。需要注意的是：小费给多少也有讲究。美国总统富兰克林就说过，小费给多了像傻瓜，小费给少了像大傻瓜。因此给小费，适度即可。但要记住，当与友人一起 AA 制就餐时，小费也是两人公摊。

拜访

拜访他人，要提前 1 周时间打电话询问对方是否有空，约好时间后，既不应迟到，也不要过于提前。不是特殊日子和重大节日又或者另有所求，也不要携带贵重礼物上门。在主人家吃饭时，尽量不要在自己的餐碟中剩食物，这会被认为是不礼貌的行为。而当想要抽烟时，要先得到主人的许可。

文化差异

法国与中国相隔甚远，其历史背景和发展过程也全不相同，因此在发展过程中形成的习惯和风俗也各不相同。留学生初到法国，还怀着兴奋激动的心情，往往求好心切，却不知道已经触犯了对方的忌讳。切记不要忘记自己来自他国，国情文化与对方不尽相同，多看多听多问，敞开胸怀，以积极主动的态度与别人交往，才会轻易获得对方的好感。

不要随便把自己的生日告诉他人，在法国，很多服务是可以通过电话完成的，因此个人住址和生日常被用来确认身份。

两国文化风俗的差异

- 法国人爱好社交，对他们来说，社交已经成为了生活中的一部分。
- 法国人惯于维护个人空间，不要直接从谈话、交流的二人之间走过；也不要无故靠近他人。
- 法国男人不喜欢勾肩搭背、紧紧拥抱这类示好的肢体动作。
- 说话不要拐弯抹角，也不要妄自菲薄，别人夸你，只要表示谢谢即可，不要出于谦虚的心理而不停反驳。
- 法国人天生诙谐浪漫，喜好开玩笑，因为与法国人交往时，不要过于一本正经，这会让对方觉得你难以接近。
- 不要在公共场合大声喧哗，这会被看做没有礼貌的行为。
- 应具有时间观念与别人约好后，应按时赴约，不要迟到。
- 法国人的自尊心较强，有强烈的爱国情绪，因此多夸赞他们国家的时装、美食，会令他们高兴。
- 当众嚼口香糖或剔牙，会被认为缺乏礼貌。
- 法国人的纪律性较差，与他们有约时，最好要事先确定好，再行出发。
- 同性不要随便牵手，也不要双双起舞，否则容易被人误认为是同性恋。

法国人不愿谈论有关宗教、国内政治和私人事务的话题，应注意避免“交浅言深”。

- 不要把私物停留在别人家的草地、门前，因为那是个人领地。
- 不要把个人物品放在公共区域，如走廊，楼梯口等。
- 在住所附近遇到他人，应露出微笑向对方问好。
- 应习惯排队，或等待服务人员叫到自己的名字，才可上前接受服务，不能插队。
- 当见到一对一服务的时候，当事人服务其他人时，千万不要打断人家。
- 无论在何种场合进行交谈，一定要等对方讲完，随意打断别人是很粗鲁的行为。
- 如果有法律责任的时候，千万不能道歉。对小事则要永远说抱歉。
- 法国人尊重他人的隐私，如果你没有要求，别人不会干涉你的生活或主动给你建议。因此当需要寻求帮助时，应自己主动说出来。
- 不要随意探听别人的隐私，如“你有孩子吗？”“你结婚了吗？”，这类“交浅言深”的话应少说。
- 法国人不喜欢收到菊花、牡丹、玫瑰、杜鹃、水仙、金盏花和纸花作为礼物。
- 法国很忌讳黑猫，认为会带来不幸。
- 法国人忌讳黄色和墨绿色。
- 法国人忌讳数字“13”和星期五。
- 部分法国人认为，吃饭时刀叉和水杯相碰会带来不幸，因此在法国人家中做客的时候，尽量不要让餐具发出声音。

法国人视狗为最好的伙伴，有些人甚至会认为那是家中的一份子，因此在法国人面前应该避谈吃狗肉，否则可能触怒对方。

法国的交通

法国的国土面积为63.3万平方公里，其交通可谓四通八达，拥有几十个机场，贯穿全国的铁路线和密如蛛网的公路设施。法国的各个城市都拥有公共汽车、长途巴士等交通工具。其交通不仅网遍布各地，而且价格合理，十分方便。

每年暑假和圣诞节前后是旅游旺季，安排行程应尽量避免这个时期。机票最好提前预订。

飞机

法国的航空业十分发达，其主要城市和旅游点都设有机场。法国的机场共有24个，仅在巴黎就有3个机场。各国际机场及大多数国内机场都有短程往返的公共汽车服务，这些公共汽车穿梭于机场和市中心商业区的主要旅馆。部分机场不仅有巴士来往，还通地铁并开设了机场高速列车。在机场和市中心商业区之间也有通行巴士，十分便利。在预订去机场的公共汽车时，要留出足够的时间。法国国内有的主要航空公司为：法国航空公司(Air France)，其他小型航空公司一般只飞短途线路，若有需要可在票务网站上查询这类小型航空公司的出票状况。法国航空公司是法国的国家航空公司，成立于1933年，该航空公司每天都有多次航班飞往世界各地。票价根据季节和地区变动。由于欧洲各国国土面积不大，且互为邻国，因此各国的航空公司彼此通勤。留学生若购买欧洲境内的机票，较为经济的方法是在票务网站上对比各国的机票价格，再行购买。因竞争激烈，法国航空公司常会出售打折机票，留学生可直接在官方网站上订购。但要注意的是：购买打折机票往往不能改签日期，也不能退票。

乘坐法国飞机的注意事项

- 网络订票较为便宜，不妨一试。
- 免费托运行李的重量不得超过40公斤，体积不得超过20cm×40cm×55cm，即三边总和不能超过115cm。
- 乘客只能携带一件手提行李，重量不得超过7公斤。
- 国际航线应提前2小时出发，国内航线应提前1.5小时出发。

火车

法国被认为拥有全欧洲全完善的铁路系统，其发展迅猛，成为了法国人日常出行的主要选择。法国的铁路总长为29273公里，其中高速铁路线为1884公里，其高速铁路时速一般保持在220~330公里/小时，客运量达17亿人次。法国的铁路线遍布全国150多个城市和邻近国家，法国国营铁路公司(SNCF)主要负责法国铁路的运营。法国的火车快捷舒适，铁路基本实现电气化。留学生乘坐火车是个很好的选择。第一，乘坐火车较为舒适，所有的高速列车都装有空调，还备有设备齐全的卫生间和酒吧，有些列车会提供淋浴服务，甚至24小时提供免费的茶和咖啡。第二，乘坐火车可顺便一览沿路的风景，法国风景秀丽，没有比坐火车饱览美景更惬意的交通方式了。第三，法国的铁路运输发达，乘坐列车基本可到达大部分法国城市。第四，法国列车运行速度快捷，一般一天时间就可以横穿法国全境。法国列车的车票费用不一，大部分乘客购买法国铁路卡和法国周末卡。法国铁路卡多用于短途火车旅行，用卡乘坐比购票便宜；法国周末卡在含有周六和周日的连续四天内可以无限次乘坐火车，适宜短途旅行。留学生在购票前也可登录法国火车官方网站查询，留学生也可选择专为外国旅游设置的廉价“火车乘车证”，但该证须在动身前，于所在地购买。乘客如购买优惠套票，可在规定时间内不限次乘坐火车。

在法国乘坐列车，在登车前，手中的车票必须打孔。

长途巴士

法国的公路交通也十分发达。每天都有长途巴士来往于法国全国各地。但由于乘坐火车的乘客较多，因此法国的长途巴士多针对出国旅行或直接开往邻近国家。在法国乘部分长途巴士需提前预定车票，上车时不需对号入座，且大都有座位。但在比较偏远而每天只有一班车的地区，最好事先订位。法国的巴士公司也有各类优惠的乘车套票出售，同时提供15天或30天的通票服务，以便乘客节省乘车费用。法国的长途巴士公司主要为跨国长途巴士公司，车票价格比其他交通公司便宜得多。

乘坐长途巴士的注意事项

- 法国各公司对乘客行李的要求不一，应确切了解后再装运行李。
- 禁止携带易燃品、弹药、动物、干冰、烟花等物品。

若错过了长途巴士的出发时间，可致电巴士公司，或到最近的巴士站寻求帮助，询问下一班巴士的开车时间，以便再次踏上旅途。

自驾

法国的公路交通十分发达，但如留学生希望能拥有自主性更强的旅行，则可以选择自驾。在法国自驾游分为2种形式，即自驾私家车以及租车。在法国购买汽车的费用并不十分高昂，若经济宽裕，且又拥有国际驾驶执照，留学生也可考虑自行购车。法国二手车的价格从200欧元起，新车的价格则从10000欧元起，法国不收养路费，保险费视车型而定，一般普通的车型约为500~600欧元/年。维修保养费约为500~1500欧元。除自行购车外，法国的租车网络也十分便利，可提供租车服务的公司更是随处可见，更可直接在网络上预订租车，出租车辆的类型从豪华轿车到大型房车，应有尽有，很多租车公司还提供异地返还车子的服务，十分方便。要注意的是：在租车时，最好购买CDW和PAI二种保险，以防当遇到交通事故时，可由保险公司负责赔偿。法国政府规定，所有车辆都必须投保，车内的乘客必须系安全带，否则一旦被发现，可能处以罚款。法国的公路系统为3级：高速公路行驶须缴费，限速为每小时130公里；国家公路（国道）和省级公路可以免费使用，限速为90~110公里/小时；居民区内限速为50公里/小时。

注意安全

留学生孤身一人在外，人生地不熟，安全问题就成了最重要的问题，这也是让留学生家长最为担心的问题。毋庸置疑，法国是不少留学生理想的就学之地，法国治安状况虽然相对良好，但也不是净土，依然发生过针对留学生的抢劫、勒索等恶劣案件。因此留学生必须掌握一定的安全知识，规避隐藏的危险，防患于未然，既安远在千里之外的家人的心，也保障了自身的安全。

留学生应随身携带附有照片的证件，以防万一。

留学法国的安全注意事项

住宿安全

- 应把重要文件如护照、签证、入学通知书、信用卡号码都影印下来，另存保管，以备万一。
- 睡前留意门窗是否关闭、瓦斯是否仍开着，屋内是否仍有明火。
- 使用完厨房不要忘记关闭瓦斯，如忘记关闭，则在关掉后立刻开窗，不可在瓦斯泄漏之后开灯或点燃任何明火。
- 在家时不应随意给陌生人开门，即使对方是女人也不要掉以轻心。

- 养成出门即锁门的习惯，即使是倒垃圾也不例外。
- 入住时就要留意逃生通道，可多走几次熟悉路线，以备自己在视线不明之时仍可顺利找到。
- 将火警及报警电话号码贴在电话边上。
- 如超过一星期不在家内，则可通知邮局及报馆停止投递信件和报纸。
- 出门之时可委托邻居代为巡视房屋内外。
- 若遇不明修理人员上门，可先电话询问房东，再做打算。

留学生也可通过网络通信软件与家人联系，如 skype/yy 语音等，注册登录后可免费通话。

出行安全

- 出门在外身上不可携带大量现金，如有需要可携带信用卡。
- 遇到陌生人搭讪，可装作听不懂不予理会。
- 如治安状况不佳，夜间就尽量不要外出，若外出则最好结伴而行，如在校内，可乘坐校车或请校警护送。
- 尽量少涉足人员混杂之处，如路遇可疑人员，立刻走向人群密集之处。
- 少去嘈杂的娱乐场所，不要喝或吃陌生人递来的食物和饮料，离开自己视线的食物和饮料，不要再食用。
- 外出不要穿过于暴露的衣服。

- 外出观光时不要边走边看地图。
- 如时间过晚，则不要乘坐地铁，有需要时可乘坐出租车。
- 行车时，应将车门锁闭，上车时应查看车后座的情况，并观察周边有没有其他人接近。
- 回家开门前，应仔细查看周围情况，看看有没有陌生人。

留学生在外遇险，总是抱着息事宁人的心态，即使被抢、被偷也并不报警，实则这是错误的。有突发事件发生后，应尽量将损失减至最低，并用法律手段来维护自己的合法权益。在遇险之时，要沉着冷静，注意搜集证据，如损失财务，则可向保险公司办理理赔。如遇到入室作案，则应保护好现场。

为安全计，租住房屋时应请房主装置油烟警报器。

2013~2014 年法国排名前 80 所大学简介

每年有多个机构对大学进行排名，本章摘取了最具权威性和影响力法国的大学的排名。囊括了 2013~2014 年法国综合类排名前 80 位的大学。分别从：大学概况、学生人数、地址、网址、录取分数、大学注册费及每年所需生活费用几个方面对所列大学做以简介，便于读者选择。本章内所列内容可能有所变动，详细资料请按文内提供网址至大学官方网站查询，本章数据仅供读者参考。

查表注意事项

●：表示需要

▲：表示有时需要

×：表示不需要

斯特拉斯堡一大(Université Louis Pasteur-Strasbourg 1)

概况：成立于 1970 年的公立大学

学生人数：18500

地 址：Université de Strasbourg 4 rue Blaise Pascal CS 90032 F-67081 Strasbourg Cedex

网址：http://www.unistra.fr/

录取条件：

GPA	TCF	TEF	个人陈述	推荐信	作品
≥3.5	≥300	≥200	●	3	●

生活费：

	学费/年（欧元）	生活费用/年（欧元）
本科	174~280	10800~13200
研究生	174~280	10800~13200

里尔一大(Université des Sciences et Technologies de Lille 1)

概况:成立于1854年的公立大学

学生人数:22000

地址:Cité Scientifique 59655 Villeneuve d'Ascq Cédex

网址:http://www.univ-lille1.fr/

录取条件:

GPA	TCF	TEF	个人陈述	推荐信	作品
≥3.5	≥300	≥200	●	2	●

生活费:

	学费/年（欧元）	生活费用/年（欧元）
本科	150~2200	11000~12000
研究生	150~2200	11000~12000

巴黎十一大(Université de Paris-Sud-Paris 11)

概况:成立于1970年的公立大学

学生人数:29000

地址:Université Paris Sud 11,Bât 407 (1er étage)91405 Orsay Cedex,FRANCE

网址:http://www.u-psud.fr/

录取条件:

GPA	TCF	TEF	个人陈述	推荐信	作品
≥3.6	≥350	≥260	●	3	●

生活费:

	学费/年（欧元）	生活费用/年（欧元）
本科	180~200	14000~15000
研究生	180~200	14000~15000

巴黎九大(Université Paris Dauphine-Paris 9)

概况:成立于1968年的公立大学

学生人数:9630

地址:Université Paris-Dauphine Place du Maréchal de Lattre de Tassigny 75775 PARIS Cedex 16 FRANCE

网址:http://www.dauphine.fr/

录取条件:

GPA	TCF	TEF	个人陈述	推荐信	作品
≥3.6	≥350	≥260	●	3	●

生活费:

	学费/年（欧元）	生活费用/年（欧元）
本科	280~350	14000~15000
研究生	280~350	14000~15000

格勒诺布尔三大(Université Joseph Fourier-Grenoble 3)

概况:成立于1971年的公立大学

学生人数:6256

地址:Bâtiment Z 1er étage, 1180 avenue centrale 38400 Saint Martin d'Hères

网址:http://www.u-grenoble3.fr/

录取条件:

GPA	TCF	TEF	IELTS	TOFEL	个人陈述	推荐信	作品
≥3.6	≥250	≥200	≥6.5	≥90	●	2	●

生活费:

	学费/年（欧元）	生活费用/年（欧元）
本科	160~200	12000~14000
研究生	160~200	12000~14000

马赛三大（Université de Droit, d'économie et des Sciences d'Aix-Marseille- 3）

概况：成立于1409年的公立大学

学生人数：22500

地址：Université Paul Cézanne-Siége : 3 avenue Robert-Schuman 13628 Aix-en-Provence cedex 1

网址：http://www.univ-cezanne.fr/

录取条件：

GPA	TCF	TEF	个人陈述	推荐信	作品
≥3.6	≥250	≥200	●	2	●

生活费：

	学费/年（欧元）	生活费用/年（欧元）
本科	153~180	10000~11000
研究生	160~189	10000~11000

蒙彼利埃三大(Université de Montpellier 3)

概况：成立于1970年的公立大学

学生人数：16138

地址：Universitépaul-valéry Montpellier 3 Route de Mende 34 199 Montpellier Cedex 5

网址：http://www.univ-montp3.fr/

录取条件：

GPA	TCF	TEF	个人陈述	推荐信	作品
≥3.5	≥270	≥210	●	2	●

生活费：

	学费/年（欧元）	生活费用/年（欧元）
本科	150~170	9000~11000
研究生	155~180	9000~11000

雷恩一大(Université de Rennes 1)

概况:成立于1970年的公立大学

学生人数:25000

地址:2,rue du Thabor CS 4651035 065 Rennes Cedex,FRANCE

网址:http://www.univ-rennes1.fr/

录取条件:

GPA	TCF	TEF	个人陈述	推荐信	作品
≥3.5	≥360	≥270	●	2	●

生活费:

	注册费/年（欧元）	生活费用/年（欧元）
本科	150~360	11000~12000
研究生	150~360	11000~12000

南锡一大(Université d'Angers)

概况:成立于1970年的公立大学

学生人数:18500

地址:UHP 24-30 rue lionnois-BP 60120 54 003 Nancy Cedex FRANCE

网址:http://www.uhp-nancy.fr/

录取条件:

GPA	TCF	TEF	个人陈述	推荐信	作品
≥3.5	≥360	≥290	●	2	●

生活费:

	注册费/年（欧元）	生活费用/年（欧元）
本科	260~500	12000~14000
研究生	260~500	12000~14000

普瓦提埃大学(Université de Poitiers)

概况:成立于1431年的公立大学

学生人数:25000

地址:Direction de la formation et des études, 15, Rue de l'Hôtel Dieu, 86022 Poitiers Cedex

网址:http://www.plymouth.ac.uk/

录取条件:

GPA	TCF	TEF	IELTS	TOFEL	个人陈述	推荐信	作品
≥3.5	≥360	≥280	≥6.5	≥90	●	2	●

生活费:

	学费/年（欧元）	生活费用/年（欧元）
本科	141~220	8000~12000
研究生	190~280	8000~12000

波尔多一大(Université Bordeaux 1)

概况:成立于1971年的公立大学

学生人数:11500

地址:Université Bordeaux I 351 cours de la Libération 33405 Talence cedex

网址:http://www.u-bordeaux1.fr/

录取条件:

GPA	TCF	TEF	个人陈述	推荐信	作品
≥3.5	≥340	≥220	●	2	●

生活费:

	学费/年（欧元）	生活费用/年（欧元）
本科	108~385	11000~13000
研究生	108~385	11000~13000

巴黎六大(Université Pierre et Marie Curie –Paris 6)

概况:成立于 1971 年的公立大学

学生人数:30000

地址:UPMC Scolarité centrale Grades licence et Master 4 place Jussieu 75252 Paris cedex 05 FRANCE

网址:http://www.upmc.fr/

录取条件:

GPA	TCF	TEF	个人陈述	推荐信	作品
≥3.6	≥350	≥260	●	3	●

生活费:

	学费/年（欧元）	生活费用/年（欧元）
本科	150~450	14000~15000
研究生	150~450	14000~15000

瓦朗谢纳大学(Université de Valenciennes)

概况:成立于 1964 年的公立大学

学生人数:11000

地址:UVHC–Campus Mont Houy–59313 Valenciennes Cedex 9

网址:http://www.univ–valenciennes.fr/

录取条件:

GPA	TCF	TEF	个人陈述	推荐信	作品
≥3.6	≥350	≥280	●	2	●

生活费:

	学费/年（欧元）	生活费用/年（欧元）
本科	160~400	12000~14000
研究生	180~450	12000~14000

上阿尔萨斯大学(Univeristé de Haute-Alsace (Mulhouse))

概况:成立于1975年的公立大学

学生人数:8000

地址:Estelle GAY Maison de l'Université 2, rue des frères Lumière F-68093 Mulhouse Cedex FRANCE

网址:http://www.uha.fr/

录取条件:

GPA	TCF	TEF	个人陈述	推荐信	作品
≥3.6	≥320	≥270	●	2	●

生活费:

	学费/年(欧元)	生活费用/年(欧元)
本科	250~700	13000~16000
研究生	250~700	13000~16000

图卢兹三大(Université Paul Sabatier-Toulouse 3)

概况:成立于1969年的公立大学

学生人数:29000

地址:Université Paul Sabatier-118, Route de Narbonne-F-31062 Toulouse cedex 9

网址:http://www.ups-tlse.fr/

录取条件:

GPA	TCF	TEF	个人陈述	推荐信	作品
≥3.6	≥320	≥260	●	2	●

生活费:

	学费/年(欧元)	生活费用/年(欧元)
本科	160~300	10000~12000
研究生	169~300	10000~12000

格勒诺布尔二大 Université Pierre Mendès France-Grenoble 2）

概况：成立于 1332 年的公立大学

学生人数：19531

地址：151, rue de Universités Domaine Universitaire 38400 Saint-Martin d'Hères

网址：http://www.upmf-grenoble.fr/

录取条件：

GPA	TCF	TEF	个人陈述	推荐信	作品
≥3.6	≥340	≥280	●	2	●

生活费：

	学费/年（欧元）	生活费用/年（欧元）
本科	150~280	12000~14000
研究生	150~280	12000~14000

波尔多二大 Université Victor Segalen-Bordeaux 2）

概况：成立于 1970 年的公立大学

学生人数：18519

地址：Université Victor Segalen Bordeaux 2 146 rue Léo-Saignat 33076 Bordeaux Cedex

网址：http://www.u-bordeaux2.fr/

录取条件：

GPA	TCF	TEF	个人陈述	推荐信	作品
≥3.6	≥350	≥290	●	2	●

生活费：

	学费/年（欧元）	生活费用/年（欧元）
本科	167~207	11000~13000
研究生	167~207	11000~13000

艾克斯-马赛三大（Université de Droit, déconomie et des Sciences dAix-Marseille-3）

概况：成立于1409年的公立大学

学生人数：22500

地址：Université Paul Cézanne-Siége : 3 avenue Robert-Schuman 13628 Aix-en-Provence cedex 1

网址：http://www.univ-cezanne.fr/

录取条件：

GPA	TCF	TEF	个人陈述	推荐信	作品
≥3.6	≥320	≥240	●	2	●

生活费：

	学费/年（欧元）	生活费用/年（欧元）
本科	153~200	10000~11000
研究生	155~200	10000~11000

布列塔尼大学(Univeristé de Brest)

概况：成立于1973年的私立大学

学生人数：18000

地址：ESMISAB-Technopôle Brest-Iroise29 280 Plouzané FRANCE

网址：http://www.esmisab.univ-brest.fr/

录取条件：

GPA	TCF	TEF	个人陈述	推荐信	作品
≥3.6	≥390	≥340	●	2	●

生活费：

	学费/年（欧元）	生活费用/年（欧元）
本科	12000~20000	12000~13000
研究生	14000~22000	12000~13000

艾克斯–马赛二大(Université de la Méditerranée –Aix–Marseille 2)

概况:成立于1970年的公立大学

学生人数:24000

地址:5, Bd Charles Livon–13284 Marseille Cedex 07 FRANCE

网址:http://www.univmed.fr/

录取条件:

GPA	TCF	TEF	个人陈述	推荐信	作品
≥3.6	≥450	≥360	●	2	●

生活费:

	学费/年（欧元）	生活费用/年（欧元）
本科	153~260	10000~11000
研究生	153~260	10000~11000

巴黎五大(Université René Descartes–Paris 5)

概况:成立于1971年的公立大学

学生人数:33500

地址:Université Paris Descartes 12, rue de l'Ecole de Médecine 75270 Paris Cédex 06 FRANCE

网址:http://www.univ–paris5.fr/

录取条件:

GPA	TCF	TEF	个人陈述	推荐信	作品
≥3.4	≥350	≥270	●	2	●

生活费:

	注册费/年（欧元）	生活费用/年（欧元）
本科	360~450	14000~15000
研究生	360~500	14000~15000

克莱蒙费朗一大(Université dAuvergne-Clermont-Ferrand 1)

概况:成立于1976年的公立大学

学生人数:15000

地址:49 Boulevard F. Mitterrand-63000 Clermont-Ferrand

网址:http://www.u-clermont1.fr/

录取条件:

GPA	TCF	TEF	个人陈述	推荐信	作品
≥3.3	≥330	≥250	●	2	●

生活费:

	注册费/年(欧元)	生活费用/年(欧元)
本科	440~470	13000~15000
研究生	440~470	13000~15000

勃艮第大学(Université de Dijon)

概况:成立于1722年的公立大学

学生人数:27400

地址:Service relations internationales Université de Bourgogne Maison de l'Université BP 27877 -21078 Dijon-cedex

网址:http://www.u-bourgogne.fr/

录取条件:

GPA	TCF	TEF	个人陈述	推荐信	作品
≥3.4	≥360	≥270	●	2	●

生活费:

	注册费/年(欧元)	生活费用/年(欧元)
本科	180~220	11000~12000
研究生	180~220	11000~12000

图卢兹一大(Université Toulouse 1 Sciences Sociales)

概况:成立于 1229 年的公立大学

学生人数:17000

地址:2 rue du Doyen-Gabriel-Marty 31042 Toulouse Cedex 9

网址:http://www.univ-tlse1.fr/

录取条件:

GPA	TCF	TEF	个人陈述	推荐信	作品
≥3.6	≥450	≥360	●	2	●

生活费:

	学费/年(欧元)	生活费用/年(欧元)
本科	153~260	10000~11000
研究生	153~260	10000~11000

巴黎五大(Université René Descartes-Paris 5)

概况:成立于 1971 年的公立大学

学生人数:33500

地址:Université Paris Descartes 12, rue de l'Ecole de Médecine 75270 Paris Cédex 06 FRANCE

网址:http://www.univ-paris5.fr/

录取条件:

GPA	TCF	TEF	个人陈述	推荐信	作品
≥3.4	≥350	≥270	●	2	●

生活费:

	注册费/年(欧元)	生活费用/年(欧元)
本科	360~450	14000~15000
研究生	360~500	14000~15000

克莱蒙费朗一大(Université dAuvergne-Clermont-Ferrand 1)

概况:成立于1976年的公立大学

学生人数:15000

地址:49 Boulevard F. Mitterrand-63000 Clermont-Ferrand

网址:http://www.u-clermont1.fr/

录取条件:

GPA	TCF	TEF	个人陈述	推荐信	作品
≥3.5	≥370	≥280	●	2	●

生活费:

	注册费/年（欧元）	生活费用/年（欧元）
本科	160~300	10000~12000
研究生	160~300	10000~12000

凡尔赛大学(Université de Versailles Saint-Quentin-En-Yvelines)

概况:成立于1991年的公立大学

学生人数:17300

地址:Service scolarité 45 avenue des Etats-Unis, 78035 Verseilles, FRANCE

网址:http://www.uvsq.fr/

录取条件:

GPA	TCF	TEF	个人陈述	推荐信	作品
≥3.4	≥350	≥260	●	2	●

生活费:

	注册费/年（欧元）	生活费用/年（欧元）
本科	162~320	10000~12000
研究生	162~320	10000~12000

克莱蒙费朗二大(Université Blaise Pascal–Clermont–Ferrand 2)

概况:成立于1976年的公立大学

学生人数:15000

地址:Université Blaise Pascal 34, avenue Carnot–BP 185 63006 CLERMONT–FERRAND cedex FRANCE

网址:http://www.univ–bpclermont.fr/

录取条件:

GPA	TCF	TEF	个人陈述	推荐信	作品
≥3.4	≥350	≥260	●	2	●

生活费:

	注册费/年（欧元）	生活费用/年（欧元）
本科	174~350	11000~12000
研究生	174~350	11000~12000

图尔大学(Université Tours)

概况:成立于1969年的公立大学

学生人数:23983

地址:SRI 8, Rue des Tanneurs 37000 Tours FRANCE

网址:http://www.univ–tours.fr/

录取条件:

GPA	TCF	TEF	个人陈述	推荐信	作品
≥3.5	≥399	≥360	●	2	●

生活费:

	注册费/年（欧元）	生活费用/年（欧元）
本科	374~450	13000~14000
研究生	374~450	13000~14000

奥尔良大学(Université d'Orléans)

概况:成立于1306年的公立大学

学生人数:17000

地址:DEVE-Maison de l'Etudiant, Rue de Tours-BP 6749, 45067 Orleans Cedex 2

网址:http://www.univ-orleans.fr/

录取条件:

GPA	TCF	TEF	个人陈述	推荐信	作品
≥3.4	≥360	≥280	●	2	●

生活费:

	注册费/年(欧元)	生活费用/年(欧元)
本科	150~260	10000~11000
研究生	150~260	10000~11000

梅斯大学(Université de Metz)

概况:成立于1970年的公立大学

学生人数:16000

地址:Ile du Saulcy-BP 80 794 57012 METZ Cedex 1 FRANCE

网址:http://www.univ-metz.fr/

录取条件:

GPA	TCF	TEF	个人陈述	推荐信	作品
≥3.3	≥340	≥260	●	2	●

生活费:

	注册费/年(欧元)	生活费用/年(欧元)
本科	180~220	11000~12000
研究生	180~220	11000~12000

鲁昂大学(Université de Rouen)

概况：成立于1966年的公立大学

学生人数：25000

地址：17, Rue Lavoisier 76821 Mont Saint Aignan Cedex FRANCE

网址：http://www.univ-rouen.fr/

录取条件：

GPA	TCF	TEF	个人陈述	推荐信	作品
≥3.4	≥350	≥270	●	2	●

生活费：

	注册费/年（欧元）	生活费用/年（欧元）
本科	176~250	11000~13000
研究生	176~250	111000~13000

南特大学(Université de Nantes)

概况：成立于1991年的公立大学

学生人数：19250

地址：Université de Cergy-Pontoise-33, boulevard du Port-95011 Cergy-Pontoise cedex

网址：http://www.u-cergy.fr/

录取条件：

GPA	TCF	TEF	个人陈述	推荐信	作品
≥3.4	≥340	≥270	●	2	●

生活费：

	注册费/年（欧元）	生活费用/年（欧元）
本科	198~230	11000~12000
研究生	198~230	11000~12000

里昂二大(Université Lumière-Lyon 2)

概况:成立于1973年的公立大学

学生人数:27191

地址:Service des Etudiants Etrangers-Centre d'Inscription 4 bis rue de l'Université-69007 LYON

网址:http://www.univ-lyon2.fr/

录取条件:

GPA	TCF	TEF	个人陈述	推荐信	作品
≥3.5	≥360	≥280	●	2	●

生活费:

	注册费/年（欧元）	生活费用/年（欧元）
本科	200~260	11000~12000
研究生	200~260	11000~12000

斯特拉斯堡二大(Université Marc Bloch-Strasbourg 2)

概况:成立于1970年的公立大学

学生人数:30000

地址:22 rue René Descartes BP 80010-67084 Strasbourg Cedex FRANCE

网址:http://www.unistra.fr/

录取条件:

GPA	TCF	TEF	个人陈述	推荐信	作品
≥3.5	≥380	≥320	●	2	●

生活费:

	注册费/年（欧元）	生活费用/年（欧元）
本科	174~240	10800~13200
研究生	174~240	10800~13200

卡昂大学(Université de Caen Basse-Normandie)

概况:成立于1432年的公立大学

学生人数:24000

地址:Bâtiment dit Sciences 1er cycle, rez-de-chaussée Campus 1-Bureau des Admissions-Porte AC 046

网址:http://www.unicaen.fr/

录取条件:

GPA	TCF	TEF	个人陈述	推荐信	作品
≥3.4	≥360	≥280	●	2	●

生活费:

	注册费/年(欧元)	生活费用/年(欧元)
本科	260~320	11000~13000
研究生	260~320	11000~13000

巴黎七大(Université Paris 7 Denis Diderot)

概况:成立于1971年的公立大学

学生人数:27000

地址:Université Paris Diderot-Paris 7, scolarité centrale, Bâtiment Les Grands Moulins, 75205 Paris Cedex 13 FRANCE

网址:http://www.univ-paris-diderot.fr/

录取条件:

GPA	TCF	TEF	个人陈述	推荐信	作品
≥3.5	≥380	≥310	●	2	●

生活费:

	注册费/年(欧元)	生活费用/年(欧元)
本科	150~290	13000~14000
研究生	150~290	13000~14000

巴黎四大(Université Paris-Sorbonne-Paris 4)

概况:成立于1971年的公立大学

学生人数:23324

地址:Accueil des étudiants étrangers Galerie Richelieu, Rez de Chaussée1 rue Victor Cousin75230 Paris cedex 05 FRANCE

网址:http://www.paris-sorbonne.fr/

录取条件:

GPA	TCF	TEF	个人陈述	推荐信	作品
≥3.5	≥370	≥290	●	2	●

生活费:

	注册费/年（欧元）	生活费用/年（欧元）
本科	146~270	13000~14000
研究生	146~270	13000~14000

昂热大学(Université dAngers)

概况:成立于1971年的公立大学

学生人数:17809

地址:Présidence de l'Université, 40 rue de rennes, bureau 207 BP 73532 49035-Angers cedex

网址:http://www.univ-angers.fr/

录取条件:

GPA	TCF	TEF	个人陈述	推荐信	作品
≥3.4	≥360	≥260	●	2	●

生活费:

	注册费/年（欧元）	生活费用/年（欧元）
本科	141~230	11000~12000
研究生	141~230	11000~12000

尼斯大学(Université de Nice Sophia-Antipolis)

概况：成立于 1965 年的公立大学

学生人数：26483

地址：Accueil Université Nice Sophia Antipolis (présidence), Grand Château–28 avenue Valrose–BP 2135–06103 Nice Cedex 2

网址：http://www.portails.unice.fr/

录取条件：

GPA	TCF	TEF	个人陈述	推荐信	作品
≥3.4	≥380	≥290	●	2	●

生活费：

	注册费/年（欧元）	生活费用/年（欧元）
本科	206~300	11000~13000
研究生	206~300	11000~13000

利摩日大学(Université de Limoges)

概况：成立于 1968 年的公立大学

学生人数：18113

地址：33, rue François Mitterrand–BP 23 204–87032 Limoges Cedex 01

网址：http://www.unilim.fr/

录取条件：

GPA	TCF	TEF	个人陈述	推荐信	作品
≥3.5	≥360	≥270	●	2	●

生活费：

	注册费/年（欧元）	生活费用/年（欧元）
本科	250~320	12000~13000
研究生	250~320	12000~13000

图卢兹二大(Université de Toulouse–Le Mirail–Toulouse 2)

概况:成立于 1971 年的公立大学

学生人数:26296

地址:Pôle des Etudiants étrangers / DIVE Université de Toulouse–Le Mirail 5 allées Antonio Machado 31058 Toulouse Cedex 9

网址:http://www.univ–tlse2.fr/

录取条件:

GPA	TCF	TEF	个人陈述	推荐信	作品
≥3.6	≥320	≥260	●	2	●

生活费:

	注册费/年(欧元)	生活费用/年(欧元)
本科	150~290	11000~12000
研究生	150~290	11000~12000

萨瓦大学(Université de Savoie–Chambéry–Annecy)

概况:成立于 1979 年的公立大学

学生人数:12000

地址:DRI–Université de Savoie, 27, rue Marcoz, B.P. 1104, 73011 Chambery Cedex

网址:http://www.univ–savoie.fr/

录取条件:

GPA	TCF	TEF	个人陈述	推荐信	作品
≥3.5	≥330	≥250	●	2	●

生活费:

	注册费/年(欧元)	生活费用/年(欧元)
本科	220~300	10000~12000
研究生	220~300	10000~12000

埃夫里大学(Université dEvry–val d Essonne)

概况:成立于 1991 年的公立大学

学生人数:10472

地址:Université d'Evry–Val–d'Essonne Boulevard François Mitterrand–91025 Evry Cedex

网址:http://www.univ–evry.fr/

录取条件:

GPA	TCF	TEF	个人陈述	推荐信	作品
≥3.4	≥350	≥270	●	2	●

生活费:

	注册费/年（欧元）	生活费用/年（欧元）
本科	200~300	11000~12000
研究生	200~300	11000~12000

佩皮尼昂大学(Université de Perpignan)

概况:成立于 1979 年的公立大学

学生人数:20000

地址:52 avenue Paul Alduy–66 860 Perpignan Cedex

网址:http://www.univ–perp.fr/

录取条件:

GPA	TCF	TEF	个人陈述	推荐信	作品
≥3.4	≥360	≥280	●	2	●

生活费:

	注册费/年（欧元）	生活费用/年（欧元）
本科	220~400	12000~12800
研究生	220~400	12000~12800

阿弗尔大学(Université du Havre)

概况:成立于1984年的公立大学

学生人数:7000

地址:50, rue Jean-Jacques Rousseau, 2ème étage de la maison de l'étudiant

网址:http://www.univ-lehavre.fr/

录取条件:

GPA	TCF	TEF	个人陈述	推荐信	作品
≥3.5	≥350	≥270	●	2	●

生活费:

	注册费/年（欧元）	生活费用/年（欧元）
本科	180~300	11000~12000
研究生	180~300	11000~12000

圣太田大学(Université de Saint-Etienne)

概况:成立于1969年的公立大学

学生人数:15000

地址: Pole International, 21, Rue Denis Papin, 42023 Saint-Etienne Cedex 2

网址:http://www.portail.univ-st-etienne.fr/

录取条件:

GPA	TCF	TEF	个人陈述	推荐信	作品
≥3.3	≥340	≥260	●	2	●

生活费:

	注册费/年（欧元）	生活费用/年（欧元）
本科	180~300	11500~12000
研究生	180~300	11500~12000

格勒诺布尔三大(Université Stendhal-Grenoble 3)

概况：成立于 1970 年的公立大学

学生人数：6256

地址：Bâtiment Z1erétage, 1180 avenue centrale 38400 Saint Martin d'Hères

网址：http://www.u-grenoble3.fr/

录取条件：

GPA	TCF	TEF	个人陈述	推荐信	作品
≥3.4	≥360	≥280	●	2	●

生活费：

	注册费/年（欧元）	生活费用/年（欧元）
本科	140~320	10500~11800
研究生	140~320	10500~11800

波尔多四大(Université Montesquieu-Bordeaux 4)

概况：成立于 1995 年的公立大学

学生人数：23983

地址：Université Montesquieu Bordeaux IV Avenue Léon Duguit 33608 Pessac cedex

网址：http://www.u-bordeaux4.fr

录取条件：

GPA	TCF	TEF	个人陈述	推荐信	作品
≥3.5	≥340	≥250	●	2	●

生活费：

	注册费/年（欧元）	生活费用/年（欧元）
本科	300~480	13500~15000
研究生	300~480	13500~15000

艾克斯-马赛一大(Université de Provence-Aix-Marseille 1)

概况:成立于1969年的公立大学

学生人数:25000

地址:Université de Provence Case 89bis,3, Pl. Victor Hugo 13331 Marseille cedex 3

网址:http://www.univ-provence.fr/

录取条件:

GPA	TCF	TEF	个人陈述	推荐信	作品
≥3.3	≥330	≥240	●	2	●

生活费:

	注册费/年(欧元)	生活费用/年(欧元)
本科	174~260	10000~12000
研究生	174~260	10000~12000

里昂三大(Université Jean Moulin-Lyon 3)

概况:成立于1973年的公立大学

学生人数:22500

地址:Université Jean Moulin Lyon 3, Manufacture des Tabacs, 6 cours Albert Thomas, 69008 Lyon, FRANCE

网址:http://www.univ-lyon3.fr/

录取条件:

GPA	TCF	TEF	个人陈述	推荐信	作品
≥3.4	≥350	≥270	●	2	●

生活费:

	注册费/年(欧元)	生活费用/年(欧元)
本科	120~220	10000~11000
研究生	120~220	10000~11000

拉罗谢尔大学(Université de la Rochelle)

概况: 成立于1993年的公立大学

学生人数: 7227

地址: 23, avenue Albert Einstein 17071 La Rochelle-Cedex 9-FRANCE

网址: http://www.univ-larochelle.fr/

录取条件:

GPA	TCF	TEF	个人陈述	推荐信	作品
≥3.4	≥360	≥270	●	2	●

生活费:

	注册费/年(欧元)	生活费用/年(欧元)
本科	200~300	10900~11000
研究生	200~300	10900~11000

阿维尼翁大学(Université dAvignon et des Pays de Vaucluse)

概况: 成立于1303年的公立大学

学生人数: 7500

地址: 74 rue Louis Pasteur-84029 Avignon cedex 1

网址: http://www.univ-avignon.fr/

录取条件:

GPA	TCF	TEF	个人陈述	推荐信	作品
≥3.4	≥370	≥320	●	2	●

生活费:

	注册费/年(欧元)	生活费用/年(欧元)
本科	350~400	12000~14000
研究生	350~400	12000~14000

兰斯大学(Université de Reims Champagne-Ardenne)

概况：成立于1971年的公立大学

学生人数：25000

地址：9 boulevard de la Paix, 51097 Reims Cedex

网址：http://www.univ-reims.fr/

录取条件：

GPA	TCF	TEF	个人陈述	推荐信	作品
≥3.4	≥340	≥260	●	2	●

生活费：

	注册费/年（欧元）	生活费用/年（欧元）
本科	150~300	11000~13000
研究生	150~300	11000~13000

南锡二大(Université Nancy 2)

概况：成立于1572年的公立大学

学生人数：18770

地址：3 place Godefroy de Bouillon B.P. 3397 54015 Nancy cedex

网址：http://www.univ-nancy2.fr/

录取条件：

GPA	TCF	TEF	个人陈述	推荐信	作品
≥3.4	≥330	≥250	●	2	●

生活费：

	注册费/年（欧元）	生活费用/年（欧元）
本科	114~200	10500~12000
研究生	114~200	10500~12000

巴黎一大(Université Panthéon–Sorbonne–Paris 1)

概况:成立于1971年的公立大学

学生人数:40483

地址: Service des inscriptions administratives, 90, rue de Tolbiac–75013 Paris, 11e étage–scenceurs jaunes–bureau C11.07

网址:http://www.univ–paris1.fr/

录取条件:

GPA	TCF	TEF	个人陈述	推荐信	作品
≥3.4	≥360	≥280	●	2	●

生活费:

	注册费/年(欧元)	生活费用/年(欧元)
本科	150~300	13000~14000
研究生	150~300	13000~14000

马恩–拉瓦雷大学(Université de Marne–La–Vallée)

概况:成立于1991年的公立大学

学生人数:11000

地址: Université Paris–Est Marne–La–Vallée Cité Descartes 5, bd Descartes Champs sur Marne 77454 Marne LA Vallee Cedex 2

网址:http://www.univ–mlv.fr/

录取条件:

GPA	TCF	TEF	个人陈述	推荐信	作品
≥3.4	≥360	≥280	●	2	●

生活费:

	注册费/年(欧元)	生活费用/年(欧元)
本科	176~280	11000~12300
研究生	176~280	11000~12300

缅因-勒芒大学(Université du Maine-Le Mans)

概况:成立于1977年的公立大学

学生人数:8200

地址:Université du Maine Avenue Olivier Messiaen 72085-LE MANS cedex 9 FRANCE

网址:http://www.univ-lemans.fr/

录取条件:

GPA	TCF	TEF	个人陈述	推荐信	作品
≥3.4	≥350	≥270	●	2	●

生活费:

	注册费/年（欧元）	生活费用/年（欧元）
本科	140~260	11000~12000
研究生	140~260	11000~12000

南布列塔尼大学(Université de Bretagne-Sud)

概况:成立于1995年的公立大学

学生人数:7792

地址:Université de Bretagne-Sud BP 92116-56321 Lorient Cedex

网址:http://www.univ-ubs.fr/

录取条件:

GPA	TCF	TEF	个人陈述	推荐信	作品
≥3.4	≥350	≥270	●	2	●

生活费:

	注册费/年（欧元）	生活费用/年（欧元）
本科	160~300	11000~12000
研究生	160~300	11000~12000

波尔多三大(Université Michel de Montaigne-Bordeaux 3)

概况：成立于 1971 年的公立大学

学生人数：15600

地址：Université Michel de Montaigne Bordeaux 3 Service de la Scolarité Bureau des Licences (Etudiants étrangers L3) Domaine universitaire 33607 PESSAC CEDEX

网址：http://www.u-bordeaux3.fr/

录取条件：

GPA	TCF	TEF	个人陈述	推荐信	作品
≥3.4	≥360	≥280	●	2	●

生活费：

	注册费/年（欧元）	生活费用/年（欧元）
本科	150~300	11000~12500
研究生	150~300	11000~12500

雷恩二大(Université Renne 2 Haute-Bretagne)

概况：成立于 1810 年的公立大学

学生人数：21000

地址：Place du recteur Henri Le Moal CS 24307 35043 Rennes cedex

网址：http://www.univ-rennes2.fr/

录取条件：

GPA	TCF	TEF	个人陈述	推荐信	作品
≥3.4	≥370	≥290	●	2	●

生活费：

	注册费/年（欧元）	生活费用/年（欧元）
本科	150~300	11000~12000
研究生	150~300	11000~12000

巴黎三大(Université de la Sorbonne Nouvelle-Paris 3)

概况:成立于1971年的公立大学

学生人数:19360

地址:Bureau des étudiants étrangers, Bureau 14, rue Santeuil 75005 Paris, FRANCE

网址:http://www.univ-paris3.fr/

录取条件:

GPA	TCF	TEF	个人陈述	推荐信	作品
≥3.4	≥370	≥290	●	2	●

生活费:

	注册费/年（欧元）	生活费用/年（欧元）
本科	150~300	11000~12000
研究生	150~300	11000~12000

波城大学(Université de Pau et des Pays de lAdour)

概况:成立于1970年的公立大学

学生人数:17000

地址:Université de Pau et des Pays de l'Adour Domaine Universitaire BP 576 64012 Pau cedex FRANCE

网址:http://www.univ-pau.fr/

录取条件:

GPA	TCF	TEF	个人陈述	推荐信	作品
≥3.3	≥350	≥260	●	2	●

生活费:

	注册费/年（欧元）	生活费用/年（欧元）
本科	200~360	10000~10800
研究生	200~360	10000~10800

蒙比利埃三大(Université Paul Valéry-Montpellier 3)

概况:成立于 1970 年的公立大学

学生人数:16138

地址:Service des Relations Internationales Bâtiment Administratif 'Les Guilhem' Université Paul-Valéry-Montpellier III Route de Mende-34199 Montpellier Cedex 5- FRANCE

网址:http://www.univ-montp3.fr/

录取条件:

GPA	TCF	TEF	个人陈述	推荐信	作品
≥3.4	≥350	≥270	●	2	●

生活费:

	注册费/年(欧元)	生活费用/年(欧元)
本科	150~280	10000~11000
研究生	150~280	10000~11000

利托拉尔大学(Université du Littoral)

概况:成立于 1991 年的公立大学

学生人数:10074

地址:Université du Littoral Division des Etudes et de la Vie Etudiante Bureau des Inscriptions Administratives-Validation des Etudes 1, place de l'Yser, B.P 1022, 59375 Dunkerque Cedex 1

网址:http://www.univ-littoral.fr/

录取条件:

GPA	TCF	TEF	个人陈述	推荐信	作品
≥3.5	≥330	≥260	●	2	●

生活费:

	注册费/年(欧元)	生活费用/年(欧元)
本科	150~300	10000~12000
研究生	150~300	10000~12000

弗朗什–孔泰大学/贝桑松大学(Université de Franche–Comté)

概况:成立于 1432 年的公立大学

学生人数:20000

地 址 :Maison des étudiants (MDE), 36 a avenue de l'Observatoire, 25000–Besançon

网址:http://www.univ–fcomte.fr/

录取条件:

GPA	TCF	TEF	个人陈述	推荐信	作品
≥3.5	≥350	≥270	●	2	●

生活费:

	注册费/年（欧元）	生活费用/年（欧元）
本科	174~300	10000~11500
研究生	174~300	10000~11500

阿尔图瓦大学(Université dArtois)

概况:成立于 1992 年的公立大学

学生人数:15000

地址:Université d' Artois 9 rue du Temple–BP 10665–62030 Arras Cedex

网址:http://www.univ–artois.fr/

录取条件:

GPA	TCF	TEF	个人陈述	推荐信	作品
≥3.5	≥350	≥270	●	2	●

生活费:

	注册费/年（欧元）	生活费用/年（欧元）
本科	160~260	10000~12000
研究生	160~260	10000~12000

斯特拉斯堡三大(Université Robert Schuman–Strasbourg 3)

概况：成立于1970年的公立大学

学生人数：10000

地址：Faculté de Droit, de Sciences Politiques et de Gestion Accueil Inscriptions 1, place d'Athènes 67045 Strasbourg Cedex FRANCE

网址：http://www.unistra.fr/

录取条件：

GPA	TCF	TEF	个人陈述	推荐信	作品
≥3.5	≥370	≥310	●	2	●

生活费：

	注册费/年（欧元）	生活费用/年（欧元）
本科	260~400	12000~14000
研究生	260~400	12000~14000

巴黎二大(Université Panthéon–Assas Paris 2)

概况：成立于1971年的公立大学

学生人数：18000

地址：Aile Soufflot –Esc. M –2ème étage –Bureau M12 –12, place du Panthéon 75231 Paris cedex 05

网址：http://www.u–paris2.fr/

录取条件：

GPA	TCF	TEF	个人陈述	推荐信	作品
≥3.5	≥380	≥320	●	2	●

生活费：

	注册费/年（欧元）	生活费用/年（欧元）
本科	246~400	13000~14000
研究生	246~400	13000~14000

里尔二大(Université du Droit et de la Santé-Lille 2)

概况:成立于1885年的公立大学

学生人数:26604

地址:Service des études et de la formation de Lille 2-42 rue Paul Duez-59000 Lille

网址:http://www.univ-lille2.fr/

录取条件:

GPA	TCF	TEF	个人陈述	推荐信	作品
≥3.4	≥340	≥260	●	2	●

生活费:

	注册费/年(欧元)	生活费用/年(欧元)
本科	160~300	10000~10800
研究生	160~300	10000~10800

巴黎十二大(Université Paris-Val de Marne-Paris 12)

概况:成立于1971年的公立大学

学生人数:32156

地址:Service des étudiants étrangers Couloir de la Scolarité Générale Bureau 06A B?timent I1-niveau dalle 61, avenue du Général de Gaulle 94010 Créteil cedex FRANCE

网址:http://www.u-pec.fr/

录取条件:

GPA	TCF	TEF	个人陈述	推荐信	作品
≥3.4	≥360	≥280	●	2	●

生活费:

	注册费/年(欧元)	生活费用/年(欧元)
本科	170~400	13000~14000
研究生	170~400	13000~14000

土伦大学(Université de Toulon et du Var)

概况:成立于1968年的公立大学

学生人数:10300

地 址:Université du Sud -Toulon -Var, Service des Validations des Etudes Supérieures-ât Le Béal-BP 20132-83957 LA Garde Cedex

网址:http://www.univ-tln.fr/

录取条件:

GPA	TCF	TEF	个人陈述	推荐信	作品
≥3.4	≥350	≥270	●	2	●

生活费:

	注册费/年(欧元)	生活费用/年(欧元)
本科	154~260	10000~11000
研究生	154~260	10000~11000

巴黎十大(Université Paris 10)

概况:成立于1964年的公立大学

学生人数:33000

地址:Université Paris 10,200 avenue de la République,F- 92001 Nanterre cedex FRANCE

网址:http://www.u-paris10.fr/

录取条件:

GPA	TCF	TEF	个人陈述	推荐信	作品
≥3.4	≥360	≥290	●	2	●

生活费:

	注册费/年(欧元)	生活费用/年(欧元)
本科	150~550	13000~14000
研究生	150~550	13000~14000

蒙比利埃一大(Université Montpellier 1)

概况:成立于1969年的公立大学

学生人数:21200

地址:5 Boulevard Henri IV, CS 19044, F-34967 Montpellier, Cedex 2

网址:http://www.univ-montp1.fr/

录取条件:

GPA	TCF	TEF	个人陈述	推荐信	作品
≥3.4	≥350	≥270	●	2	●

生活费:

	注册费/年（欧元）	生活费用/年（欧元）
本科	170~260	9000~11000
研究生	170~260	9000~11000

巴黎八大(Université Vincennes-Saint-Denis-Paris 8)

概况:成立于1969年的公立大学

学生人数:22160

地址:Bureau de l'admission des étudiants étrangers 2, rue de la Liberté, 93526 Saint-Denis cedex, Bât. A, salle 093

网址:http://www.univ-paris8.fr/

录取条件:

GPA	TCF	TEF	个人陈述	推荐信	作品
≥3.4	≥370	≥300	●	2	●

生活费:

	注册费/年（欧元）	生活费用/年（欧元）
本科	170~310	13000~14000
研究生	170~310	13000~14000

里尔三大(Université Charles de Gaulle-Lille 3)

概况:成立于1974年的公立大学

学生人数:22000

地址: Université Charles de Gaulle-Lille 3 Daevu / Baei BP 60149 59653 Villeneuve d'Ascq Cedex FRANCE

网址:http://www.univ-lille3.fr/

录取条件:

GPA	TCF	TEF	个人陈述	推荐信	作品
≥3.4	≥310	≥200	●	2	●

生活费:

	注册费/年(欧元)	生活费用/年(欧元)
本科	150~300	11000~12000
研究生	150~300	11000~12000

安第列斯-圭亚那大学(Université des Antilles et de la Guyane)

概况:成立于1970年的公立大学

学生人数:13117

地址: Université des Antilles et de la Guyane | Fouillole BP 250-97157 Pointe-à-Pitre

网址:http://www.univ-ag.fr/

录取条件:

GPA	TCF	TEF	个人陈述	推荐信	作品
≥3.3	≥340	≥260	●	2	●

生活费:

	注册费/年(欧元)	生活费用/年(欧元)
本科	260~400	12000~13000
研究生	260~400	12000~13000

科西嘉大学(Université de Corse Pascal Paoli)

概况:成立于1765年的公立大学

学生人数:4400

地址:Université de Corse Pasquale Paoli BP 52 20250 Corti

网址:http://www.univ-corse.fr/

录取条件:

GPA	TCF	TEF	个人陈述	推荐信	作品
≥3.3	≥330	≥240	●	2	●

生活费:

	注册费/年（欧元）	生活费用/年（欧元）
本科	220~400	12000~13000
研究生	220~400	12000~13000

亚眠大学(Université de Picardie Jules Verne–Amiens)

概况:成立于1970年的公立大学

学生人数:23000

地址:Présidence de l'Université Campus Chemin du Thil 80025 Amiens FRANCE

网址:http://www.u-picardie.fr/

录取条件:

GPA	TCF	TEF	个人陈述	推荐信	作品
≥3.3	≥320	≥240	●	2	●

生活费:

	注册费/年（欧元）	生活费用/年（欧元）
本科	178~300	10000~11000
研究生	178~300	10000~11000

法国波利尼西亚大学(Université de la Polynésie Française)

概况:成立于 1987 年的公立大学

学生人数:3211

地址:D.A.S.E. –15, avenue René Cassin –BP 7151 97715 Saint Denis Messag cedex 9 (REUNION)

网址:http://www.univ–reunion.fr/

录取条件:

GPA	TCF	TEF	个人陈述	推荐信	作品
≥3.4	≥330	≥240	●	2	●

生活费:

	注册费/年（欧元）	生活费用/年（欧元）
本科	120~380	12000~13000
研究生	120~380	12000~13000

留尼汪大学(Université de la Réunion)

概况:成立于 1982 年的公立大学

学生人数:12000

地址:D.A.S.E. –15, avenue René Cassin –BP 7151 97715 Saint Denis Messag cedex 9 (REUNION)

网址:http://www.univ–reunion.fr/

录取条件:

GPA	TCF	TEF	个人陈述	推荐信	作品
≥3.4	≥330	≥240	●	2	●

生活费:

	注册费/年（欧元）	生活费用/年（欧元）
本科	219~356	12000~13000
研究生	219~356	12000~13000

新喀里多尼亚大学(Université de la Nouvelle-Calédonie)

概况:成立于1987年的公立大学

学生人数:3000

地址: Université de la Nouvelle-Calédonie BPR4-98851 Nouméa Cedex

网址:http://www.univ-nc.nc/

录取条件:

GPA	TCF	TEF	个人陈述	推荐信	作品
≥3.3	≥310	≥230	●	2	●

生活费:

	注册费/年（欧元）	生活费用/年（欧元）
本科	220~500	11000~12000
研究生	220~500	11000~12000

留学法国常用网站一览

留学生常用网站很多，涵盖各个方面，仅购买机票就有如查询、购票、资讯等不同网站为用户提供服务，这里只列举几个网站，希望能对读者有所帮助。

订购机票常用网站

http://www.ctrip.com/

携程网，是国内较大的订票网站，只需输入出发地、目的地及出发、到达的时间，即可搜寻到国内相关航班，且常有较低折扣。

http://www.lastminute.com/

可帮助用户搜索折扣较低的机票，部分旅行社也从此处购票。

http://cn.skyscanner.com

主要提供法国境内或境外的机票购买服务，留学生可登录网站输入国家、城市进行搜索。

留学生活常用网址

http://www.pap.fr/

法国著名的租房信息网，提供免中介租房服务，留学生可在赴法前登录该网站，输入所在城市、地区进行搜索。并可通过该网站联系房主，进行租房事宜。

http://www.seloger.com/

法国的专业房地产网站，主要向用户提供租房、售房的相关信息，可供留学生进行查询。

http://www.emploimap.com/

该网站针对需要找寻兼职工作或毕业后有留法工作意向的留学生。登录该网站后可针对所在城市、地区、工作类型进行查询。留学生不仅可在该网站上找到兼职工作，也可在毕业后第一时间找到工作。

http://buy.xineurope.com/

该网站是一个综合性交易网站，主要为用户提供二手商品交易服务，留学生若想节省生活费用，则可在该网站上搜索需要的二手用品。

http://www.faguo.fr/

该网站是专门针对赴法旅游者所开办的。若留学生在法国读书的假期想要旅游，则可登录该网站查询旅游相关事宜，如风景名胜、酒店介绍、交通出行都包括在内。

http://www.ecila.fr/

该网站是法国的黄页查询网站，可为留学生提供法国的各部门、各地的联系信息，便于留学生尽早适应在法国的生活。